KB109048

역사저널

그날

고려 편

1

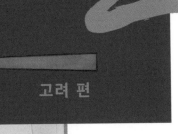

역사저널

그날

고려 편

1

왕건에서 서희까지

KBS 역사저널 그날 제작팀

민음사

고려는 어떤 나라였을까? 조선보다 훨씬 덜 알려져 있고, 더 오래전의 신라보다도 오히려 덜 알려진, 미지의 나라가 아닐까? 하지만 고려는 우리 역사상 두 번째 통일의 경험을 가지고 있으며, 다양성과 개방성이 살아 있어 오늘날 우리가 배울 점이 있는 나라였다. 지방 사람들이 세운 나라였고, 화려한 귀족 문화가 발전한 나라였으며, 불교와 유교가 공존한 나라였고, 넓은 세상과 교류한 나라였다. 그 수명은 조선과 엇비슷한 475년이었다. 이런 고려를 미지의 상태로 남겨 둔다면 우리의 한국사 지식은 불완전할 수밖에 없다.

KBS의 「역사저널 그날」은 2013년 10월에 첫 방송을 시작한 이래 역사적 사건의 계기가 된 '그날'을 얘깃거리 삼아 역사의 재미와 의미를 함께 전달하는 프로그램으로 자리를 잡아 왔다. 그리고 방송의 성공에 힘입어 2016년 한 해 동안 새로운 도전에 나섰다. 고려의 역사를 처음부터 끝까지 다루기로 한 것이다. 시청자들에게 생소한 내용을 방송에서 다룬다는 것이 결코 쉬운 일이 아니었지만, 그해 3월 27일의 제117회 방송에서 시작해 12월 4일의 제149회 방송으로 마무리하면서 고려사를 완주했다. 미지의 역사에 대한 시청자들의 뜨거운 관심, 그리고 한국사 지식의 공백을 메우고자 한 제작팀의 열의가 낳은 결과였다. 그렇게 방송된 내용을 다시 한번 정리하여 네 권의 책으로 내놓게 되었다.

『역사저널 그날』 고려 편의 제1권은 고려의 태조 왕건이 견훤과의 경쟁에서 승리한 935년의 그날에서 거란의 침략으로 위기에 처한 993년의 그날까지, 고려 초기의 역사를 대상으로 한다. 918년에 건국된 고려는 신라와 후백제를 차례로 멸망시키고 후삼국을 통일한 뒤 500년 왕조의 기틀을 정비해 갔다. 여러 가지 제도를 새로 만들었고, 전통문화를 바탕으로 중국의 선진 문화를 받아들여 독자적인 문화를 발전시켰으며, 무엇보다도 후삼국 분열의 발단이 되었던 인민의 불만을 진정시키고 민생을 안정시켰다. 하지만 그 과정이 결코 순탄하지는 않았다. 후삼국을 통일하는 과정에서 왕건에게 협조했던 각 지방의 호족들이 이제는 왕권을 위협하는 존재로 변신하였으니, 고려 왕실과 호족들의 대립은 때로는 왕위를 둘러싼 정쟁으로, 때로는 국왕에 의한 호족 숙청으로 나타났다. 고려 초기의 정치는 이렇게 해서 혼란으로 점철되었지만, 동시에 나라 밖에서는 거란과 송이 대결하면서 그 여파가 고려에 미쳐 거란의 고려 침략이 시작되었다. 그야말로 내우외환의 시기였다.

'왕좌의 게임: 견훤 대 왕건'은 후삼국 시기 최대의 라이벌이었던 견훤과 왕건을 비교하면서 왕건이 승리한 이유와 견훤이 패배한 이유를 찾아보는 내용으로 꾸몄다. 이를 통해 역사적인 경쟁에서는 그 시대의 과제에 충실한 사람이 승리할 수 있었다는 평범한 진리를 확인하고자 했다. '태조 왕건, 스물아홉 명의 아내를 얻다'는 태조 왕건의 아내가 스물아홉 명이나 되었다는, 다소 충격적인 주제를 다루었다. 다만 이 문제를 호사가의 관점이 아니라 지방의 호족들을 자기편으로 끌어들이기 위한 왕건의 정책이라고 보는 정치적 관점으로 해석하였다. '고려판 왕자의 난: 왕건의 아들들, 왕위를 다투다'와 '광종, 개혁의 칼을 뽑다'는 왕건의 아들들에 관한 이야기다. 왕건의 뒤를 이어 혜종과 정종, 광종 등 세 명의 아들이 차례로 왕위에 오르는데, 그 과정이 한 번도 순탄하지 않았다. 이 왕위 다툼을 왕자의 배후에 있는 외척들 간의 대결, 혹은 국왕과 호족들 간의 대결로 설명했는데, 이 과정에서 지금까지 한 번도 입에 오르내리지 않았던 고려의 혜종과 정종이 주인공으로 등장하였다.

'천추태후, 위험한 사랑에 빠지다'와 '천추태후, 조카에게 자객을 보내다'는 천추태후가 주인공이 되었다. 천추태후는 태조의 손자인 제5대 왕 경종의 아내이자 제7대 왕 목종의 어머니다. 천추태후는 태조의 손녀이기도 했으므로 경종과의 혼인은 사촌 간의 족내혼이 된다. 경종과 사별한 뒤에는 김치양이라는 외간 남자와 사랑하여 아들을 낳았고, 이 아들을 왕위에 올리기 위해 경쟁자인 조카 대량원군을 죽이려 하였다. 천추태후 이야기에서는 당시 빈번했던 왕실 근친혼의 사례를 찾을 수 있고, 아버지가 왕족이 아니어도 어머니가 왕족이면 왕위 계승권을 갖게 된다는, 뜻밖의 사실을 발견할 수 있다. 하지만 이것이 고려의 상식이었고, 그런 점에서 천추태후는 가장 고려다운 주인공이라고 할 수 있다.

마지막으로 '개국 최대의 위기: 80만 거란 대군, 고려를 침공하다'는 거란의 80만 대군이 고려를 침공한 그날의 이야기를 다루었다. 고려가 건국 후 처음으로 맞이한 외침이자 최초의 위기였다. 이때 서희가 등장했고, 거란 지휘관 소손녕과의 담판을 통해 거란군을 물리치고 압록강 이남의 강동 6주를 영토로 확보하는 성과를 거두었음은 잘 알려진 사실이다. 하지만 그 이면에는 고려가 송과 국교를 단절하고 거란에 사대하기로 했다는 중요한 사실이 숨겨져 있다. 여기서 고려 외교의 유연함을 발견할 수 있을 것이다.

필자는 「역사저널 그날」의 고려 편 방송에 빠짐없이 출연하면서 주제 설정에서부터 구체적인 사실 체크까지, 프로그램을 제작하는 데 많은 정성을 쏟았다. 고려 시대사 연구자로서 고려를 더는 미지의 역사로 남겨 두어서는 안 되겠다는 생각 때문이었다. 채 1년이 못 되는 방송 기간이 고려 시대의 역사를 제대로 전달하기에는 충분치 못했으나, 조선과는 다른 500년의 전통이 있음을 알리는 데는 성공했으리라고 믿는다. 마침 지난 2018년은 고려가 건국된 지 1100년이 되는 해여서 많은 기념행사가 있었다. 이 책의 간행을 계기로 고려사에 대한 관심과 애정이 다시 한번 일어나기를 바란다. 그뿐 아니라 고려가 가지고 있던 다양성과 개방성의 전통을 오늘날 되살릴 수 있으면 더욱 좋겠다고 생각한다.

「역사저널 그날」에 패널로 함께 출연했던 류근, 이윤석, 이해영, 최태성 등 여러분과 최원정 아나운서에게 감사드린다. 이분들 덕분에 낯선 고려의 역사를 친숙하게 전달할 수 있었다. 또한 김종석 책임 피디를 비롯한 황범하, 정병권, 이내규, 최지원, 이승하, 김종서 등 피디들과 김세연, 최지희, 김나경, 한선보, 김서경 등 작가들에게도 감사드린다. 이분들이야말로 이 프로그램의 막후에서 활약한 주인공들이었다. 아울러 「역사저널 그날」 고려 편 방송을 모두 함께하면서 고려와 조선을 놓고 갑론을박하며 이야기의 중심을 잡아 준 신병주 교수에게 특별히 고마움을 전한다. 마지막으로 그 누구보다 「역사저널 그날」을 사랑해 주신 시청자분들께 감사드린다. 그때의 재미와 감동이 이 책을 통해 다시 한번 되살아나기를 기대한다.

서울시립대학교 국사학과 교수

이익주

차례

일러두기

· 이 책의 본문은 KBS 「역사저널 그날」의 방송 영상과 대본, 방송 준비용 각종 자료 등을 바탕으로
하되, 책의 형태에 맞도록 대폭 수정하고 사료나 주석, 그림을 보충하여 구성했다.

· 각 장의 도입부에 있는 '그날을 만나면서'는 이익주(서울시립대학교 국사학과)가 집필했다.

· 본문에서 인용한 사료는 『고려사』와 『고려사절요』 등을 바탕으로 하되, 본문의 맥락에 맞게 일부
축약·수정하였다. 원본 사료는 국사편찬위원회의 '한국사 데이터베이스' 홈페이지(db.history.go.kr)나
한국고전번역원의 '한국 고전 종합 DB'(db.itkc.or.kr) 등을 통해 확인할 수 있다.

· 사료에 표시된 날짜는 해당 문헌에 쓰인 날짜이다. 사료들의 날짜는 주로 양력이 아니라 음력이다.

· 이 책의 68, 176쪽 배경에 사용된 그림은 일러스트레이터 잠산의 작품이며, 208쪽 배경에 사용된
그림은 일러스트레이터 붓질의 작품이다.

1

왕좌의 게임:
견훤 대 왕건

신라 말, 정치는 도탄에 빠졌고 전국에서 민란이 일어났다. 그러는 가운데 지방에서 세력을 키워 나라를 세우는 사람까지 나타났는데, 후백제를 세운 견훤과 후고려를 세운 궁예였다. 후백제와 후고려는 신라와 함께 삼국을 형성했고, 이를 후삼국 시대라고 부른다. 신라는 이미 기력이 다한 상태였으므로 후삼국의 쟁패는 견훤과 궁예의 대결로 압축되는 듯했다. 그러나 궁예 역시 폭정을 일삼다 신하들에게 쫓겨나고 왕건이 추대되어 국호를 고려로 고치고 견훤과 경쟁을 벌였다.

견훤은 상주 가은현에서 아자개의 아들로 태어났다. 어릴 적에 호랑이가 젖을 물렸다는 설화 또는 지렁이의 아들이라는 설화가 전한다. 그래서 '견훤'이 아니라 '진훤'이라고 불러야 한다는 주장이 있다. 견훤의 '견(甄)'은 '진'으로도 읽히는데, 지렁이의 한자 표현이 진훤이라는 것이다. 지렁이는 한자로는 지룡(地龍)으로 끈질긴 생명력을 상징했다. 어쨌든 견훤은 신라의 군인이 되어 전라도 지역의 도적을 진압하러 갔다가 그곳에서 무리를 모아 반란을 일으켰고, 마침내 900년에 후백제의 왕이 되었다.

왕건은 송도(지금의 개성)의 호족 용건의 아들이었다. 그의 조상들은 송도를 중심으로 예성강과 서해를 무대로 활동하던 부상(富商)이었다. 해상 세력이었던 만큼 이 집안에는 용왕과 관련된 전설이 있는데, 왕건의 할아버지 작제건이 용왕의 딸과 결혼해서 용건을 낳았다는 것이다. 그 때문에 왕건에게는 용손(龍孫), 즉 용의 후손이라는 수식이 붙게 된다. 왕건은 젊은 시절부터 궁예의 부하가 되어 활동하게 되었다. 그러다가 918년에 궁예를 몰아내고 고려의 왕이 되었다.

견훤과 왕건은 일진일퇴의 경합을 벌였다. 처음에는 견훤이 우세했다. 927년에 견훤은 신라의 수도 금성(지금의 경주)을 점령한 뒤 국왕을 죽이고 새 국왕을 세워 세력을 과시했다. 그리고 돌아가는 길에 공산성(지금의 대구 팔공산)에서 왕건이 이끄는 고려군을 만나 크게 격파했다. 하지만 왕건은 930년에 고창(지금의 경북 안동) 전투에서 승리하면서 역전의 발판을 마련했다. 이 승리에는 고창 지역 호족들의 도움이 결정적이었다. 이후 대결은 계속되었지만, 호족들의 지지를 받는 왕건이 점차 우세해졌다.

왕건은 즉위하자마자 호족들을 자기편으로 끌어들이기 위해 노력했다. '중폐비사(重幣卑辭)'라 하여 호족들에게 선물을 두둑이 보내고, 자신을 낮춤으로써 호족을 우대하는 정책이었다. 이로 말미암아 왕건에게 귀부해 오는 호족이 많았는데, 견훤의 아버지 아자개도 그 대열에 섰다. 그와 동시에 세금을 감면하여 민생을 회복하고 민심을 얻고자 노력했다. 또한 신라에 친선 정책을 펼친 결과 935년에는 신라 경순왕이 귀부해 왔다.

반면 견훤에게서는 호족 우대 정책이나 민심을 얻기 위한 특별한 정책이 보이지 않는다. 신라에 대해서는 반감을 표출하여 경주를 약탈하고 국왕을 죽이고 왕비를 범하는 등의 만행을 저질러 경순왕이 고려에 귀부하는 결정적 계기가 되고 말았다. 게다가 후계 자리를 둘러싸고 내분이 일어나 맏아들 신검에 의해 왕위에서 쫓겨나 금산사에 유폐되었다가 결국 왕건에게 귀부하고 말았다. 후백제 역시 고려군과의 싸움에서 패하여 멸망했으니, 견훤과 왕건의 '왕좌의 게임'은 왕건의 승리로 끝나게 되었다.

'석양의 무법자'로 번역된 영화 *The Good, the Bad and the Ugly*의 제목을 따서 왕건은 좋은 사람, 견훤은 나쁜 사람, 궁예는 추한 사람에 대응시킨 경우를 본 적이 있다. 과연 왕건은 좋은 사람이라서 승리했고, 견훤은 나쁜 사람이라서 실패한 것일까? 아니면 승리했기 때문에 좋은 사람이 되고, 실패했기 때문에 나쁜 사람이 된 것일까? 승자에 대한 의심과 패자에 대한 동정 이전에 승리의 원인과 패배의 이유를 밝히는 것이 더 중요한 일일 것이다. 과연 두 사람의 승인과 패인은 각각 무엇이었을까?

누가 삼한의 주인이 될 것인가?

때는 10세기,
혼란의 후삼국시대가 도래하다.

백제국의 복원을 위하여!
남쪽의 맹주, 후백제 견훤.

낮은 신분에서 몸을 일으켜
왕이 되어 후백제를 세우고
백제의 후예를 자처하다.

옛 고구려의 정신을 잊지 않겠다!
북쪽의 신흥 강자, 고려 왕건.

송악의 호족 용건의 아들로 태어나
궁예의 휘하에서 활약한 끝에
마침내 왕으로 추대되다.

견훤 대 왕건,
왕좌의 게임이 펼쳐진다.

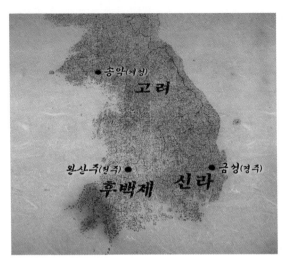

후삼국의 판도

후삼국시대, 승자는 누가 될 것인가?

이광용 후삼국시대, 삼한의 새로운 주인을 가리는 선거전이 본격적
으로 시작되었습니다. 현재 유력 후보로는 후백제당의 견훤,
고려당의 왕건이 있습니다. 먼저 지역별로 두 후보를 지지하
는 상황을 살펴볼까요? 후백제당 견훤의 경우, 자신의 근거
지인 무진주(광주)와 완산주(전주)를 중심으로 서남 지역에
서 우세를 보이는 중입니다. 고려당 왕건의 경우, 송악(개성)
과 평양을 중심으로 세력을 점차 확장하는 상황이고요. 이번
선거에서 눈여겨볼 가장 큰 변수는 바로 아직 명맥을 유지하
는 신라라고 할 수 있습니다. 앞으로 신라와의 관계를 어떻게
가져가느냐에 따라 이번 선거의 향배도 결정될 것으로 보입
니다. 삼한의 새 주인을 가릴 중요한 선거, 견훤 대 왕건. 과연
누가 어떤 필승 전략으로 최종 승리를 거머쥘지 궁금합니다.

왕좌의 게임: 견훤 대 왕건

최원정 후백제당 견훤과 고려당 왕건의 대결! 저희가 견훤과 왕건의 대결을 선거 콘셉트로 만들어 볼까 합니다.

신병주 견훤과 왕건, 1000여 년 전의 가장 강력한 정치적 라이벌이 아니었을까 합니다.

이익주 왕건과 견훤은 군대를 직접 이끌고 큰 전투 두 번을 벌일 정도로 대립했죠. 그리고 훗날 이 두 사람 중 승자가 후삼국을 통일합니다. 따라서 왕건과 견훤의 대결, 참 재미있게 이야기할 수 있을 것 같습니다.

최태성 사실 결과는 다 아시겠지만, 어디서 승패가 갈렸는지, 왜 그렇게 되었는지 잘 보시면서 당시 백성의 입장에서 투표하시면 재미있을 것 같아요.

이윤석 백성의 입장 중요하죠. 바둑 기사들처럼 우리도 복기해 봅시다.

류근 선거 후보자라면 기본 검증 4종 세트가 있지 않습니까? 탈세는 안 했는지, 군대는 다녀왔는지, 부동산 투기는 안 했는지, 위장 전입은 안 했는지 검증부터 해 봐야 할 것 같습니다.

최원정 검증은 당연히 필요하죠. 그래서 저희가 두 후보자의 이력서를 준비했습니다.

후보자 이력 분석: 후백제당 견훤

최태성 후백제당 견훤에 관해 보겠습니다. 경상북도 상주 가은현 출신입니다. 중요한 점이 아버지인 아자개는 농부 출신이었다가 가문을 일으켜 호족이 된 인물입니다. 아까 검증이 필요하다고 하셨죠? 견훤의 병역 사항을 보면 이런저런 핑계 없이 깨끗합니다. 부장급 정도 벼슬인 비장을 지냈어요. 그리고 특징이 재미있어요. 지렁이의 아들이라는 이야기도 있고 호랑이의 젖을 먹고 성

소속 및 이름	후백제당 견훤	고려당 왕건
직위	후백제 왕	고려 왕
출신	경북 상주 가은현	송악(개성) 출생
아버지	아자개(농부 출신)	용건(송악 대표 호족)
병역 사항	서남해 방수군 비장	한찬 해군 대장군
비고 사항	특기: 창 베고 자기	별명: 용손
특징	지렁이의 아들 호랑이 젖을 먹고 성장 백제의 부활을 주장	궁예의 부하였다가 정변으로 왕이 됨 고구려의 부활을 주장

견훤과 왕건의 이력서

장했다는 이야기도 있는 독특한 후보가 되겠습니다. 제가 볼 때
는 결격사유가 없습니다.

최원정 출생이 모호한 게 결격사유 아니에요? 지렁이의 아들이 후보자
라고 할 수 있어요?

류근 이상하네요. 아버지가 농부 출신인 아자개라면서요. 지렁이와는
도대체 무슨 관계예요?

신병주 지렁이의 아들이라는 얘기가 『삼국유사』[1]에 나와요. 한 처녀의
꿈에 자줏빛 옷을 입은 사내가 맨날 나타나 항상 잠만 같이 자고
사라집니다. 남자가 도대체 어디로 가는지 궁금했던 이 처녀는
꾀를 내서 긴 실을 꿴 바늘을 사내의 옷에 찔러 놓아요. 그리고
나중에 길게 늘어진 실을 따라가 보니까 큰 지렁이가 바늘에 꽂
힌 상태로 쓰러져 있었다는 겁니다. 그 처녀가 낳은 아들이 견훤
이었다는 거고요.

이윤석 탄생 설화라고 하면 대개 용의 아들이라든지 알에서 나왔다든지
하고, 그게 좀 쑥스러우면 구렁이의 아들이라는 식으로 얘기하
는데, 지렁이는 너무 겸손한 것 아닌가요? 큰 지렁이라고는 하지
만요.

이익주 옛날 사람들에게는 지렁이가 지닌 생명력이 크게 다가왔던 것

같습니다. 이런 생명력의 이미지를 견훤에게 가져다 붙인 겁니다. 농부의 아들로 태어나 왕이 되기까지 얼마나 많은 어려움을 겪었을까요? 견훤은 그 어려움을 꿋꿋이 이겨 나가면서 왕의 자리에 오른 것이죠. 지렁이가 미물이라고 하지만, 한자로 쓰면 지룡(地龍)입니다. 용의 한 종류이니까 절대 미미하기만 한 존재는 아니죠.

최태성 지렁이의 아들이라는 얘기는 선거전으로 봤을 때 홍보 효과가 최고입니다. 일단은 사람들이 주목하잖아요. "지렁이 아들이래. 뭐지?" 또한 그 지렁이가 가진 게 친근감이잖아요. 그러니까 호기심과 친근감을 불러일으켜서 초반 홍보전에서는 승리했다고 할 수 있죠.

최원정 이 시대의 거름이 되겠다는 얘기죠.

이윤석 또 하나 마음에 드는 게 있어요. 견훤이 창을 베고 잔다고 했는데, 24시간 대기조를 보는 것 같아요. 장교보다는 하급 군관이나 병졸에 가깝다는 얘긴데, 나중에는 부장급으로 승진도 하고 농민의 아들로 태어나서 나라까지 세우잖아요. 전형적인 자수성가예요. 오늘날로 치면 성공한 벤처기업가 이상의 모범 사례를 보여 준 게 아닌가 싶습니다.

류근 제가 사실은 견훤의 출생지 옆 동네에서 태어났거든요. 그 근방에 장군산이라는 곳이 있는데, 전설에 의하면 견훤이 뛰어놀던 산이라고 해요. 저 어릴 때만 해도 저희 어머니가 "너는 장군산의 기운을 받고 태어났기 때문에 반드시 이다음에 잘될 것이다." 라고 하셨거든요. 그만큼 그 동네에는 1000년이 지났어도 견훤의 영향력이 여전히 남아 있다는 것이겠죠.

이윤석 그런데 견훤의 출신이 경북 상주 가은현이 맞아요? 저는 당연히 전라도라고 생각하고 있었는데 말이죠.

최태성　대부분 사람이 그렇게 생각하잖아요.

이익주　견훤의 생애를 보면 상주에서 태어나 경주로 가서 군인이 됩니다. 그리고 서남해안 쪽에서 근무하다가 세력을 키워 오늘날의 광주와 전주 쪽으로 북상합니다. 그러다 보니 나라를 세우고 왕이 되고자 했을 때 그 지역 사람들이 아주 오랫동안 지녔던 백제 유민 의식과 백제 계승 의식을 이용하게 된 거죠.

최원정　자기 지역구에 맞는 전략을 선택한 거예요.

최태성　상대방인 고려당에서 바로 공격해 들어오겠는데요? 옛 백제 땅 출신이 아니라 굴러들어 온 돌이라고 말이죠.

후보자 이력 분석: 고려당 왕건

최원정　그럼 이어서 후백제당 견훤에게 맞서는 고려당 왕건 후보자의 이력을 살펴보겠습니다.

최태성　고려당 왕건의 이력서입니다. 송악에서 태어났고, 아버지 용건은 송악의 대표 호족입니다. 견훤과 마찬가지로 병역 문제는 깨끗합니다. 이쪽은 계급이 높습니다. 해군 대장군으로 병역을 마쳤습니다. 별명으로는 용손, 즉 용왕의 손자라는 별명이 있습니다. 궁예의 부하였다가 정변을 통해 호족들의 추대를 받아 왕이 되었다는 특징이 있습니다.

류근　'금수저'를 물고 태어난 사람이네요.

최태성　그러고 보니까 아까 견훤은 '흙수저'였네요?

이윤석　제가 본 설화에 따르면 용왕의 손자답게 왕건의 겨드랑이에는 용의 비늘이 나 있었다고 합니다.

신병주　기록에 의하면 왕건이 태어날 때 신비스러운 광채와 자줏빛 기운이 용 모양으로 나타났다고 하죠. 왕건의 할아버지 작제건이 용왕의 딸과 혼인해 낳은 아들이 바로 용건입니다. 즉 용건이 용

개성 만월대의 석용두 왕건은 스스로 용의 후손으로 칭했다.

　　　의 후손이니까 왕건도 당연히 용의 후손이 되는 거죠. 고대국가
　　　에서 용이라고 하면 최고의 신성함을 상징하고요.

이익주　고려가 건국된 지 100여 년 정도 지난 다음에 김관의[2]라는 사람
　　　이 『편년통록』[3]을 씁니다. 이 책에는 왕건의 조상에 관한 설화가
　　　실려 있는데, 그 내용을 보면 용왕 등 바다와 관련된 이미지가
　　　계속 나옵니다. 이것은 왕건의 집안이 예성강을 통해 개성에서
　　　중국의 산동반도를 왕래하며 무역했다는 것을 암시하죠. 그런데
　　　작제건이나 그 선대가 활동하던 시기를 거꾸로 추론해 보면 남
　　　쪽에서 장보고가 활동하던 시기와 거의 비슷합니다. 그렇다면
　　　통일신라 시대에 남쪽 해상에서 큰 세력을 이루었던 장보고와는
　　　별도의 독립된 세력으로 왕건의 가문이 활동했다고 상상해 볼
　　　수 있습니다.

류근　좀 거창하게 말하자면 견훤은 농민의 아들로서 육상 세력을 대

장도 청해진 유적지 전경 장보고는 청해진을 거점으로 삼아 해상의 권력을 장악했다.

표하는 것 같고, 왕건은 상인의 아들로서 해상 세력을 대표하는 것으로 보인단 말이죠. 육상 세력과 해상 세력의 대결 구도라는 점도 이번 선거판에서 흥미로운 관전 포인트가 될 것 같아요.

호족이란 무엇인가?

최원정 근데 아까 견훤 집안도 농민 집안에서 호족으로 성장했다고 하고, 왕건도 송악의 아주 유명한 호족이라고 나오는데, 대체 호족이라는 게 정확하게 뭔지 아세요?

이윤석 많이 들어 봤는데 정확한 의미는 모르겠어요. 그냥 속되게 표현하면 지역에서 방귀 좀 뀐다는 사람들을 가리키는 말 아닐까요? 재산이라든지 땅을 좋아하는, 세력이 있는 사람들일 것 같아요. 지역 유지 정도?

이익주 지역 유지라고 해도 크게 틀리지 않습니다. 신라 말에 경주에 있던 중앙정부의 통제력이 급격히 와해되면서 지방에서 도적이 일어납니다. 그러다 보니까 지방 사람들로서는 도적에게서 자기를 보호하려면 스스로 무장하고 집단으로 움직여야 하는데, 이때 지방의 촌주가 중심이 되어서 지방 사람들을 묶는 거죠. 그렇게 해서 촌주가 중앙정부로부터 독립된 세력으로 성장해 나가는 겁니다. 이런 사람들을 뒤에 호족으로 부르게 됩니다. 출신도 다양해서 촌주 출신으로 호족이 되는 사람도 있지만, 상인 가운데 호족이 되는 사람도 있고, 도적 가운데 호족이 되는 사람도 있죠.

최원정　이렇게 두 후보자의 이력서를 보셨는데, 어때요? 이력서만 봤을 때 어느 쪽에 더 마음이 가세요?

최태성　견훤 쪽은 친근감을 내세우는 것 같고, 왕건 쪽은 안정감을 내세우는 것 같거든요.

이윤석　일단 견훤이 뭔가 더 극적인 것 같아서 아직 저는 견훤에게 조금 더 끌립니다.

류근　저도 심정적으로는 견훤을 응원합니다. 서류 전형만으로 봤을 때는 일단 농민의 아들이고 평민의 아들이니까 왠지 정이 가지 않습니까? 응원해 주고 싶어요. 저런 사람들이 출세하는 그림을 더 바라게 되는 거죠.

선거 초반: 견훤이 우세를 차지하다!

900년, 후백제.
완산주에 도읍을 정한 견훤은
의자왕의 복수를 외치며 반신라 정책을 내세운다.

　　"신라가 당나라와 손을 잡고
　　선조들의 나라를 쳐서 멸망을 시켰으니
　　이 어찌 원통한 일이 아니겠소이까!"

반면에 고려의 왕건은 신라에서 사신을 보내오자
화친을 맺고 친신라 정책을 펼친다.

927년, 신라와 고려의 친교를 끊기 위해
경주의 포석정을 급습한 후백제군!

견훤은 신라 왕실을 짓밟고
급기야 신라 경애왕에게 자결을 명한다.

그리고 후백제의 꼭두각시가 되어 줄
경순왕을 새 임금으로 올린다.

이 소식을 들은 고려의 왕건은
정예 기병 5000기를 이끌고
공산성에서 후백제군과 전투를 벌인다.

하지만 후백제군의 맹공에
포위까지 당하는 위기에 처한 고려군.

치열한 접전 속에 김낙과 신숭겸마저 전사하고
왕건은 겨우 몸만 빠져나와 목숨을 건진다.

대구 **팔공산** 신숭겸과 김낙을 비롯해 장수 여덟 명이 전사했다는 데서 팔공산이라는 이름이 유래했다고 전한다.

공산성 전투: 견훤의 선점

최원정 공산성 전투에서 후백제 견훤이 승리를 거뒀습니다. 왕건 혼자
　　　　도망쳐 살아남은 거예요?

이익주 공산성은 오늘날 대구의 팔공산입니다. 신숭겸과 김낙 두 사람
　　　　의 희생으로 왕건이 겨우 도망쳐서 살아나죠. 이 전투는 왕건이
　　　　즉위한 지 채 10년이 안 된 상태에서, 견훤과 직접 부딪쳤을 때
　　　　상대가 되지 않는 상태에서 벌인 다소 무모한 전투였습니다.

류근 신숭겸의 생김새가 왕건과 비슷했나 봐요. 그래서 왕건인 척하
　　　　며 전투를 치렀다고 합니다.[†] 근데 사실 저 전투에 관해서는 신
　　　　교수님께서 할 말이 더 많지 않으신가요?

경주 포석정지 포석정에서 후백제군에 붙잡힌 신라 경애왕은 자결을 강요당했다.

신병주 신숭겸 장군이 제 시조 할아버지이십니다. 신숭겸 장군이 아니
었으면 고려라는 왕조가 탄생하지 않았을지도 몰라요. 지금도
대구 팔공산 근처에는 왕건과 관련된 지명들이 남아 있어요. 왕
건의 군대가 격파당해 흩어졌다고 해서 고개 이름이 파군(破軍)
재, 왕건이 갑자기 없어졌다고, 왕을 잃어버렸다고 해서 마을 이
름이 실왕리(失王里), 왕건이 후백제군의 추격을 피해 도망치다
가 겨우 숨을 돌린 곳이라 해서 동네 이름이 안심, 이런 식이죠.

이윤석 이 시기에 견훤의 기세가 대단했던 것 같습니다. 포석정을 습격
해 신라 왕을 죽이고 꼭두각시 왕을 세울 정도였어요. 이런 기세
로 쭉 나갔다면 견훤이 삼한을 통일해 한반도의 주인이 될 수 있
는 상황이었던 것 같아요.

류근 그 당시 견훤의 후백제군이 얼마나 강했기에 그런 대승을 거두
었는지 궁금해요.

이익주 그 당시 군사력을 정확하게 알기는 어렵습니다. 하지만 뒷날에

26

견훤이 "내 군사가 갑절이나 많았는데도 성공하지 못했다."라고 후회 섞인 회고를 한 적이 있습니다.‡ 그걸 보면 후백제가 면적은 좁았지만, 인구가 더 많았으므로 병력도 더 우세했다고 볼 수 있습니다. 반면에 당시의 왕건은 정변으로 궁예의 나라를 자기 것으로 만들었지만, 아직 체제를 정비하지 못한 어려운 상황이죠. 반란도 일어나고, 반발하는 사람들을 자기편으로 끌어들여야 하는, 궁예의 판도를 고스란히 자기 것으로 만들지 못한 상황에서 견훤을 상대로 어려운 전쟁을 치러야 했다고 할 수 있죠.

신병주 　정치 이력으로 보면 견훤이 선배죠. 견훤은 왕건이 모셨던 궁예와 동급이에요. 왕건은 견훤보다 한 세대 아래입니다. 견훤이 공식적으로 완산주에 도읍하면서 후백제 왕으로 칭하는 건 900년이에요. 왕건은 고려를 918년에 건국하니까 왕으로서도 견훤이 20년 가까이 선배인 거죠.

최원정 　거의 10대 청소년과 준비된 성인의 싸움? 이때만 해도 말도 안 되는 대결이었네요.

최태성 　아직은 왕건이 견훤보다 준비가 덜 된 상태였죠.

신병주 　그런 상황 속에서 왕건이 신라를 구원하기 위해 부딪쳐 봤다가 패배한 전투가 바로 공산 전투입니다.

---

† 『고려사』 열전에 보면 "견훤이 왕을 급박하게 포위해 들어오자, 장군 신숭겸은 그 모습이 왕을 닮았었는데, 왕의 수레를 타고서 장군 김낙과 함께 사력을 다해 싸우다가 전사하였다."라고 하였다.
　—『기언』

‡ 견훤은 그 아들에게 말했다. "내가 신라 말에 후백제를 세운 지 여러 해가 되었다. 군사는 북쪽의 고려 군사보다 갑절이나 많으면서 오히려 이기지 못하니 필경 하늘이 고려를 돕는 것 같다. 어찌 북쪽 고려 왕에게 귀순해서 생명을 보전하지 않을 수 있겠느냐."
　—『삼국유사』 936년 1월

소속 및 이름	후백제당 견훤	고려당 왕건
구호	"못살겠다, 갈아엎어 보자!"	"호족이 살아야 나라 경제가 산다!"
공약	의자왕의 원한을 신라에 복수 영토 확장과 국방 강화 세계 속의 백제, 외교 강국 신서남 해양 시대	친신라 정책 민생 안정과 세금 감면 귀부 호족 우대 중국으로부터 고려국 인정

견훤과 왕건의 선거 공약

견훤 대 왕건: 선거 공약 대결

최원정　그런데 선거라고 하면 유권자들에게는 공약이 중요한 거잖아요. 공약을 좀 봐야 어떤 사람을 뽑겠다는 결심이 서는데, 어떤 공약들이 있었나요?

최태성　주목해 주시기 바랍니다. 먼저 견훤의 공약을 살펴보겠습니다. "못살겠다, 갈아엎어 보자! 의자왕의 원한, 신라에 복수하자! 영토 확장, 국방 강화! 세계 속의 백제, 외교 강국! 신(新)서남 해양 시대!"

최원정　매우 호전적이고 급진적이에요.

류근　견훤이 새 나라를 건설하겠다고 나서니까 5000여 명이 불과 한 달 만에 몰려들었다는 기록이 있어요.† 이미 썩어서 희망이 없는 신라를 갈아엎고 새로운 세상을 구현하겠다는 건 그 시대에 나름대로 높이 평가할 만한 명분이자 저항 아닙니까?

이윤석　근데 조금 생뚱맞은 부분이 있어요. 신서남 해양 시대는 요즘 공약 같지 않아요?

이익주　저 공약에서 서남해안은 지금의 나주 근처에 있는 서해안 지역과 남해안 지역을 뜻합니다. 이 지역은 일찍이 왕건이 궁예의 부하로 있던 시절에 수군을 이끌고 와서 점령한 지역입니다. 견훤이 북쪽의 궁예 또는 왕건과 대결할 때 배후에도 적의 세력이 있었던 셈이죠. 게다가 견훤은 후백제가 한반도를 대표하는 국가

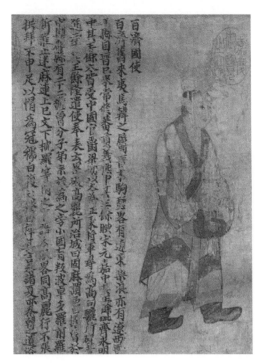

양직공도에 나타난 백제 사신의 모습 6세기 무렵에 백제가 중국의 양에 사신을 보냈던 것처럼, 후백제의 견훤은 중국의 오월과 외교 관계를 맺어 정통성을 인정받고자 했다.

가 되기를 희망해 국제적으로 공인을 받으려 했는데, 그때마다 배후에 있는 나주의 고려 세력이 방해했습니다. 그래서 견훤은 왕건이 점령한 나주 지역을 탈환해야 한다고 생각했는데, 그것이 신서남 해양 시대라는 공약으로 표현된 것 같습니다.

류근   단순히 돈을 벌어 보자는 공약이 아니었군요.

신병주   공산 전투에서 승리한 이후로 견훤의 자신감이 커지죠. 그러면서 왕건에게 편지도 보냅니다. "내 목적은 평양의 누각에 활을 걸어 놓고 말에게 대동강 물을 먹이는 것이다."

최원정   상대를 자극하는 언사네요.

류근   일종의 심리전이에요.

이윤석   요즘 보면 힙합에서도 상대를 깎아내리는 가사로 공격하잖아요. 근데 좀 과한 건 아니었을까요?

최태성   선거전에서 항상 중요한 것은 판세를 너무 자신감 있게 읽으면 안 된다는 겁니다. 그러면 왠지 모르게 상대편의 불안한 심리가 결집해 또 다른 표가 나올 수 있거든요. 견훤이 좀 불안해요.

최원정   그러면 후백제당의 견훤에게 맞서 고려당의 왕건은 어떤 공약을 내걸고 있는지 봐야겠죠?

이윤석   "호족이 살아야 나라 경제가 산다."라고 강력히 주장하네요. 첫 번째, 친신라 정책.

신병주   견훤과는 완전히 반대입니다.

이윤석   두 번째, 민생 안정과 세금 감면. 좋네요. 세 번째, 귀부 호족 우대. 그리고 마지막으로 중국의 고려국 인정. 이렇게 공약 네 개를 걸었습니다.

최태성   철저하게 경제 쪽으로 밀고 나오네요.

류근   호족이 살아야 나라가 산다는 건 지금으로 따지면 친재벌 정책이 아닙니까?

신병주   여기서 호족은 신라 하대에 새롭게 성장한, 세상을 바꿀 수 있는 세력이기 때문에 그렇게 볼 수만은 없죠.

최태성   두 당이 매우 선명하게 색깔을 달리하는 게 보여요.

최원정   공약에 한쪽은 신라에 대한 복수가 들어 있고, 다른 한쪽은 친신라 정책이 들어 있어요.

류근   왕건의 공약에서 가장 눈에 띄는 것이 세금 감면이에요. 저건 동서고금을 통틀어 지금까지도 통하는 공약 아닙니까?

이윤석   피부에 와닿는 공약이죠.

이익주   왕건이 즉위한 지 34일 만에 신하들을 모아 놓고 이런 이야기를 합니다. "요즘 백성들이 세금을 너무 많이 내다 보니 살기가 어렵다고 해서 내가 너무 민망하다. 세금의 양을 3분의 1로 경감하고 생산량의 10분의 1로 고정하겠다." 그래서 고려 시대 내내 조세의 수취율은 10분의 1로 고정됩니다. 우리 역사에서는 이것이 처음 있는 일이고 상당히 의미 있는 진전입니다.

신병주 『고려사절요』[4]에도 3년 동안 백성들의 조세와 부역을 모두 면제한다고 발표한 기록이 있습니다. 백성들에게는 환영할 만한 일이죠.[‡]

류근 이러면 진짜 왕건 만세를 외칠 수밖에 없겠는데요?

최원정 세금과 관련된 정책은 민심을 얻기 좋은데, 견훤은 이런 정책을 왜 안 내놨을까요?

이익주 견훤이 백성들에 대한 수취를 낮추었다는 기록은 없습니다. 그런 일이 없었던 것인지 기록이 안 남은 것인지 지금으로서는 단언하기 어렵습니다. 하지만 견훤에게는 이런 정책이 없었던 것으로 보입니다. 10분의 1 수취라는 것은 유교 정치 이념에 관한 이해가 있는지 없는지를 분간하는 기준이거든요. 왕건은 주변에 있는 유학자들의 의견을 받아들인 것으로 보입니다. 견훤에게서는 그런 모습이 보이지 않죠.

† 견훤은 몰래 (왕위를) 넘겨다보는 마음을 갖고, 무리를 불러 모아 왕경의 서남쪽 주현을 돌아다니며 공격하였다. 이르는 곳마다 메아리처럼 호응하여 열흘에서 보름 사이에 무리가 5000명에 달했다.
— 『삼국사기』 「견훤 열전」 892년

‡ 조서를 내려 말하기를, "진실로 조세를 줄이고[蠲減] 농상(農桑)을 장려하지 않는다면, 어찌 집집마다 살림이 넉넉하고 사람마다 풍족하여지는 데 이를 수 있겠는가? 백성들에게 3년 동안의 조세와 부역을 면제해 주고, 사방으로 정처 없이 떠도는 자들은 고향[田里]으로 돌아가게 하며, 이어서 크게 사면령을 내려 더불어 쉴 수 있게 하라."라고 하였다.
— 『고려사절요』 태조 1년(918) 8월

견훤의 아버지, 아자개의 고려 귀부

918년, 고려로 한 호족이 귀부해 왔다.

"상보 어른, 어서 오시옵소서."

"고맙소이다. 고려의 황제 폐하께서
이 늙은이를 이토록 환대해 주시니."

그는 다름 아닌 후백제 견훤의 아버지 아자개였다.
소식을 들은 견훤은 분노를 감추지 못한다.

"아버님, 정말로 너무하시옵니다!"

갑작스러운 아자개의 고려 귀부.
부자 사이에는 대체 어떤 일이 있었던 것일까?

후백제 견훤의 아버지가 고려로 간 까닭은?

최원정 정말 충격이 크긴 컸을 거예요. 견훤의 아버지가 고려로 진짜 귀
부한 거 맞아요? 저는 안 믿기는데요.

이익주 『고려사』[5]나 『고려사절요』 같은 정사에 나와 있는 기록입니다.
태조 왕건이 왕으로 즉위한 바로 그해에 견훤의 아버지 아자개
가 사신을 고려로 보내와 귀부하겠다는 뜻을 전달했다는 기록이
있습니다.[†]

이윤석 아들인 견훤으로서는 정말 속이 탔을 것 같아요. 아들이 후백제
를 세운 왕인데, 아버지는 적국 고려로 귀부한다는 게 말이 안
되잖아요.

이익주 상주 지역은 고려가 남진하고 후백제가 동진한다고 했을 때 전
략적으로 중요한 지역입니다. 그런데 왕건이 상주 지역을 장악
한 아자개를 공격해서 항복하게 한 것이 아니라 귀부의 형태로
받아들인 것이죠. 이 사건이 갖는 정치적 의미는 대단히 컸을 겁
니다. 견훤에게는 큰 충격이 됐겠죠.

최태성 기본적으로 호족이 귀부하면 그를 따르는 군인이라든지 백성도
함께 가거든요. 그 지역이 모두 넘어갑니다. 견훤에게는 아버지
가 간 것도 문제이지만, 상주 지역을 왕건이 통째로 가져간 것도
큰 문제인 거죠.

류근 미국의 대통령 선거는 한 주에서 이기면 그 주의 대의원들을 다
가져가잖아요. 이때가 그런 선거판이네요. 왕건이 상주 지역을
다 차지한 거예요.

이익주 그 당시에 아자개뿐 아니라 전국의 호족들이 독립 세력으로 자
리를 잡은 상황에서 왕건과 견훤이 서로 경쟁하면서 세력을 확
장해 나가는 데 가장 중요한 것이 호족들을 자기편으로 끌어들
이는 겁니다.

합천 해인사 건칠희랑대사좌상 견훤과 왕건이 대결하던 당시에 해인사는 남악파와 북악파로 나뉘어 있었다. 희랑은 왕건을 지지하는 북악파의 종주였다.

최원정 그렇다면 호족들의 마음은 어디로 향하고 있는지 중간 상황을 들어 보겠습니다.

> † 상주 반란군의 우두머리 아자개가 사신을 보내어 귀부(歸附)해 왔다. 왕이 의식(儀式)을 갖춰 맞이하도록 명령하자 구정(毬庭)에서 의식을 연습하려고 문무관이 모두 차례에 따라 늘어섰다.
> ― 『고려사』 「세가」 태조 1년(918) 9월 24일

그날 토론: 견훤 대 왕건, 선거 중간 상황

이광용 삼한 최후의 1인을 가리는 선거는 어느덧 중반으로 치닫고 있
습니다. 지금까지의 상황을 잠시 살펴보겠습니다. 공산 전투
이후 후백제당 견훤의 지지도는 나주 서남해안을 포함해 왕
건을 제치고 아주 높은 분포를 보이고 있습니다. 견훤의 아버
지 아자개가 고려로 귀부했습니다만, 결국 이번 선거는 신라
와 주변 일대의 민심을 누가 얻는지가 최대 승부처가 될 것으
로 보입니다. 그러면 여기서 안동 지역의 호족 두 분을 모시고
지역 민심을 들어 보는 시간을 갖겠습니다.

이 호족 인사합시다. 호족 대표 이 호족이오.

최 호족 호족 대표 최 호족이오.

이광용 반갑습니다. 후백제당 견훤과 고려당 왕건, 두 후보자에 관한
지역 민심이 지금 어떻습니까?

최 호족 뭐, 누굴 밀어주겠다고 결정한 건 없고, 소문에 의하면 견훤이
무장으로서 힘 좀 쓴다니까 외세가 쳐들어왔을 때 막아 주지
않을까, 그 정도요.

이 호족 자네, 그거 진심인가?

최 호족 왜, 사실 아닌가?

이 호족 나는 견훤이 무섭네. 그자는 신라 왕을 죽이고 신라 왕실을 능
욕한 자 아닌가? 그렇게 잔인한 자라면 자칫 잘못하다가는 자
네랑 나랑 한 방에 골로 갈 수가 있네.

이광용 지금 그 말씀은 견훤이 아니라 왕건을 지지한다는 말씀으로
받아들여도 되는 건가요?

이 호족 그것참, 섣부르구먼! 우린 그렇게 누굴 공개적으로 지지하는
사람이 아니에요!

이광용 그렇다면 두 후보자의 공약 부분은 어떻게 평가하시나요?

이 호족 왕건의 공약을 보면 궁예가 못 쓰게 했던 신라식 관직 이름과 군현 이름을 다시 쓰게 해 줬어요.

최 호족 그거 정말 헷갈렸잖아.

이 호족 편해졌어. 그리고 자기가 호족이라서 그런지 호족의 마음을 잘 알아줘요. 왕건에게 귀부를 하면 그렇게 퍼 준대요. 벼슬도 주고, 집도 주고, 땅도 주고, 결혼을 안 했으면 결혼까지 하게 해 준대요.

최 호족 자네, 왜 그러나? 왜 그렇게 왕건 편을 들어? 옷도 좀 달라지고. 이상해. 뭐 받았지?

이 호족 아니, 이 사람이 생사람을 잡고 있어? 내가 누구야, 내가? 사사건건 따지고 드는 걸 보니까 자네야말로 견훤에게 한자리 약속받은 거 아냐?

이광용 잠깐만요, 생방송 토론 시간에 이러시면 안 되고요. 어쨌거나 이야기를 듣자 하니 호족들의 여론도 반반이라고 봐야 하는 건가요?

이 호족 글쎄, 솔직히 말하면 공약은 왕건의 공약이 와닿는다고 얘기할 수 있어요. 하지만 결혼이라는 것도 식장에 들어가 봐야 아는 것처럼 선거 결과라는 것도 투표장에 들어가서 찍어 봐야 아는 거예요. 절대 속단하면 안 된다는 겁니다.

이광용 알겠습니다. 안동 지역 호족들과 함께 지역 민심을 들어 봤습니다. 견훤이냐, 왕건이냐, 여러분은 누굴 지지하시는지요?

왕건의 반격과 견훤의 재반격

930년, 반격의 기회를 노리던 왕건은
드디어 고창 전투에서 대승을 거두고
경상도 동해안 방면의 지배권을 확립한다.

이 승리에는 안동 호족들의 협조가 큰 힘을 발휘했다.

이후 왕건은 신라를 방문해
경순왕의 호의까지 얻어 내며
사실상 민심을 굳히는 작전에 들어간다.

하지만 견훤 역시 재반격의 기회를 노렸다.

932년, 후백제 수군은
예성강에 정박한 고려 선박 100여 척을 불태우고
말 300필을 잡아간다.

과연 최후의 승리는 누구의 것인가?

차전놀이

고창 전투: 고려 왕건의 반격

최원정　고려 왕건의 반격이 드디어 시작됐습니다. 승승장구하던 견훤이
　　　　일격을 당한 건데, 그 피해가 컸죠?

신병주　고창은 지금의 경상북도 안동이에요. 고창 전투의 여파로 신라
　　　　동쪽 연해의 주군과 부락에 있는 110개 성이 모두 왕건에게 항
　　　　복해 버립니다.[†] 이때부터 후백제군이 본격적으로 밀리게 된 거
　　　　죠. 그리고 이때 왕건과 견훤의 치열한 전투에서 유래해 지금까
　　　　지 안동에 전해 오는 대표적인 민속놀이가 있어요. 가까운 데 사
　　　　시니까 아시죠?

류근　　놀이라면 딱 기억나는 게 차전놀이[6]가 있어요.

신병주 그렇죠. 바로 차전놀이입니다. 안동 지역의 초등학교 운동회 때 하이라이트는 항상 차전놀이예요.

류근 고창에서 전투를 벌일 때 안동 지역 호족들의 도움이 엄청났다는 거잖아요. 저 양반들 저럴 줄 알았습니다. 결국 선물에 넘어간 거예요.

최원정 호족들이 왕건의 선물 공세에 취약했을까요? 왕건의 선물이 먹혔을까요?

이익주 안 주는 것보다는 주는 게 나았겠죠. 그리고 왕건의 가장 큰 선물은 호족이 지방에서 가지는 세력을 인정해 주는 것입니다. 이러한 점에서 왕건이 견훤보다 훨씬 앞섰다고 볼 수 있습니다. 왕건은 자기에게 귀부해 오는 호족들의 세력을 그대로 인정해 주겠다고 약속하죠. 이처럼 왕건은 중폐(重幣), 즉 선물을 많이 하고, 비사(卑辭), 즉 자기를 낮추는 말을 쓰는 태도를 보입니다. 될 수 있으면 수평적인 관계를 유지하는 거죠. 왕건도 호족이거든요. 여러 가지 동맹의 관계로 호족들을 자기편으로 끌어들인다는 정책이 왕건에게서 나왔던 것이죠. 견훤 역시 그 지역의 호족들과 연합도 하고 결혼 정책도 펼치지만, 호족들을 지배하려는 속성이 왕건보다 강한 편이었습니다. 여기서 왕건과 견훤의 차이가 나타나죠.

신병주 또한 대표적으로 이 무렵, 즉 926년에 발해 유민들이 대거 고려로 들어옵니다. 왕건이 그들을 포용하니까 왕건 밑으로 가면 다 괜찮다고 소문나는 거죠. 단계적으로 통합을 향하는 리더십을 보여 준 겁니다.

최원정 지금 마침 속보가 들어와 있다고 합니다. 무슨 소식인지 연결해들어 보죠.

안동 태사묘 고창의 호족이자 고려의 개국공신인 김선평과 권행, 장정필의 위패를 봉안한 곳이다.

안동 태사묘 삼공신 유물 중 여지 금대 안동 태사묘에서 소장 중인 허리띠다.

† 태조가 견훤과 고창군(古昌郡) 병산(瓶山) 아래에서 싸웠는데, 크게 이겨 죽이고 포로로 잡은 자가 매우 많았다. 영안(永安)과 하곡(河曲), 직명(直明), 송생(松生) 등 30여 군현이 차례차례 태조에게 항복하였다.
— 『삼국사기』 경순왕 4년(930) 1월

그날 뉴스 선거 속보: 후백제당 견훤의 기자회견

이광용 「그날 뉴스」입니다. 저는 지금 한 회견장에 나와 있습니다. 잠시 후 여기서 후백제당의 견훤 후보자가 중대 발표를 할 예정이라고 합니다. 말씀드리는 순간, 후백제당 견훤 후보자가 등장했습니다. 일단 후보자의 말을 직접 들어 보시죠.

견훤 본인은 지난 수십 년간 삼한 일통을 위해 앞만 보고 달려왔소이다. 하지만 오늘부로 겸허히 후보자 자리를 내려놓을 것을 밝히는 바이올시다.

최태성 어? 지금 후보 사퇴하는 거네요?

견훤 이 시간 이후로 나는 고려에 귀부해 왕건 후보에게 힘을 실어 줄 것을 밝히는 바이오.

최태성 지금 상대편 당에 입당하겠다는 거잖아요?

이광용 아, 정말 충격적인 소식이 아닐 수 없습니다. 직접 들으셨다시피 견훤이 이번 삼한의 주인을 가리는 선거에서 후보를 사퇴할 뿐만 아니라 후백제를 버리고 고려 귀부를 결정했습니다. 왕궁 소식통에 의하면 견훤이 어린 아들 금강에게 왕위를 물려주려 하자 이에 격분한 장남 신검이 후백제판 왕자의 난을 일으켰다고 합니다. 결국 아들 신검에 의해 졸지에 왕위에서 물러나게 된 견훤! 이로써 아들 신검이 이끄는 새로운 후백제가 남아 있기는 하지만, 사실상 이번 선거는 고려 왕건의 승리로 끝났다고 말씀드릴 수 있을 것 같습니다.

견훤의 고려 귀부, 대체 왜?

최원정 견훤이 고려로 귀부한다는 충격적인 소식을 전해 주셨습니다. 마음이 안 좋네요.

최태성 우리가 귀부라는 것을 역사적 사실로만 배웠잖아요. 그런데 견훤의 귀부를 현재의 선거로 해석해 보면 두 대권 후보가 있는데 한 후보가 사퇴하고 상대편 당에 입당한 셈이 됩니다. 엄청난 사건이에요.

최원정 사실 더 큰 거죠. 나라를 버리고 가는 건데요.

신병주 자의가 아니라 거의 타의에 의한 사퇴예요.

이윤석 게다가 그 후보 자리를 빼앗은 사람이 아들이니까 마음이 어떻겠습니까?

최원정 피를 토하는 심정이었을 것 같아요. 근데 이 시점에서 의문이 들어요. 왜 굳이 장남 신검이 아닌 어린 금강을 후계자로 내세워 분란을 일으키는 걸까요? 큰아들은 아버지를 따라 전장을 누볐는데 그 공을 인정해 줘야죠. 어쩌면 이럴 수 있어요?

이윤석 금강이 매우 똑똑하고 지략이 많아 견훤이 예뻐했다는 기록이 있어요.† 그리고 첫째 신검의 외가를 보면 견훤이 초창기에 거병한 지역인 무진주의 호족 가문이에요. 금강의 외가는 이후 견훤이 도읍으로 삼은 지역인 완산주의 호족 가문이거든요. 결국 이 후계자 갈등은 바로 무진주와 완산주라는 두 지역의 대립으로 볼 수도 있죠.

신병주 조선을 건국한 태조 이성계를 보아도 함경도에 있을 때 결혼한 원래 아내인 신의왕후 한씨는 가문의 격이 높지가 않아요. 그래서 후계자를 선택할 때도 이성계가 예상을 뒤엎고 신의왕후 한씨의 소생이 아닌, 신덕왕후 강씨가 낳은 막내 방석을 세자로 책봉하잖아요. 금강이 방석과 같은 역할이라면 바로 신검이 태종 이방원과 같은 처지였다는 거죠.

이익주 　견훤의 귀부는 신라에도 결정적으로 영향을 줍니다. 이때까지 명맥을 겨우 유지하던 신라가 견훤이 귀부하는 걸 보고 자기들도 나라를 들어 고려에 바칩니다.

최원정 　견훤이 판세의 흐름을 결정짓는 역할을 한 거네요. 그러면 견훤이 고려로 귀부하고 난 이후는 어떻게 될까요?

> † 견훤에게는 잉첩(滕妾)이 많아 아들이 10여 인 있었는데, 넷째 아들 금강이 키가 크고 지혜도 많아서 견훤이 특히 사랑하여 왕위를 전하고 싶어 하였다. 그의 형 신검과 양검, 용검 등이 이를 알고서 근심하고 고민하였다.
> —『고려사』「세가」 태조 18년(935) 3월

마침내 후삼국시대가 끝나다

"절 받으시옵소서, 상보 어른"

극진한 환대 속에 고려에 안착한 후백제 견훤.
견훤은 이후 왕건에게 속내를 털어놓는다.

"내가 이 고려로 온 것은
나의 말년을 이렇게 비참하게 만든
나의 못된 자식 놈들을 벌하려는 것이외다."

결국 왕건과 함께 고려군을 이끌게 된 견훤.
두 사람의 목적지는 후백제였다.

곧이어 시작된 고려의 대대적인 공격.
전투는 일방적이었다.

고려군이 앞뒤로 일제히 진격하니
항복하는 자가 늘어만 가고
결국 신검은 왕건에게 무릎을 꿇는다.

"고려국 폐하께 항복을 청하옵니다."

936년, 마침내 고려의 왕건이
삼한을 통일하는 순간이었다.

후백제 멸망: 왕건의 후삼국 통일

최원정 견훤이 후백제를 치러 가는 장수가 되었어요. 그것도 아들을 죽이러 말이죠. 놀라운 일이네요.

신병주 기록에도 나와 있어요. "늙은 이 신하가 몸을 바친 것은 폐하의 위엄을 빌려 반역한 자식들의 목을 베기를 바라서입니다."† 견훤이 정말 분노를 표출한 거죠.

최태성 '다 된 밥에 재를 뿌린 게 저 신검이다. 너랑 나랑 같이 죽자. 내가 세운 거 내가 무너뜨리겠다.' 이런 심리도 있었을 것 같아요.

류근 후삼국시대의 종언과 함께 고려로 통일되는 중요한 길목에 부자의 갈등이 있었던 셈이에요. 그런데 아무리 그렇더라도 자식에 대한 복수심 때문에 자기가 세운 나라를 멸망시키는 데 앞장을 서다니, 저 같으면 그렇게는 못 할 것 같아요.

최원정 근데 그 자식의 손에 언젠가는 죽임을 당할 수도 있는 상황이면 어쩌실 거예요?

류근 원래 그래서 자식 이기는 부모 없다는 말이 있는 거예요. 자식은 부모를 버려도 부모는 자식을 못 버리는 거죠.

최원정 기꺼이 그 칼을 받겠다는 말씀이시군요.

최태성 아버지와 아들 사이의 정은 왕실에서는 적용되지 않나 봐요. 왕실의 부자 관계는 다르다는 것을 다시 한번 느낍니다.

이윤석 저같이 평범한 사람은 왕 같은 거 못 할 거 같아요.

최원정 이해도 안 되고요.

이윤석 제가 신검이라면 아버지가 고려로 넘어갔을 때 이미 포기했을 거예요. '어, 아버지가 고려로 갔네? 뭐야, 그럼 나도 안 해.' 이럴 것 같아요.

류근 얼마나 원통했으면 신검이 항복한 후 얼마 안 지나서 견훤이 죽었을까요? 화병으로 등창이 나서 오래 버티지 못하고 바로 죽었

논산 개태사지 석조여래삼존입상 개태사는 후백제를 멸망시키고 후삼국을 통일한 것을 기념하기 위해 지은 절이다. 이 불상들도 그때 만들어진 것으로 추정된다.

다고 하더라고요.[‡]

이익주 견훤은 개인사를 보면 아버지에게 배신당하고 아들에게도 배신 당한 아주 불행한 사람이죠. 그런데 개인적으로 겪은 불행과 왕 으로서 해야 하는 처신은 다른 문제라고 봅니다. 견훤이 개인적 인 불행을 이겨 내지 못하고 자기가 만든 나라를 없애는 데 앞장 섰다는 것은 후백제라는 나라가 그렇게 탄탄하지 못했다는 것을 보여 준다고 할 수도 있겠죠.

견훤 대 왕건, 승패 요인 분석

최원정 후삼국시대를 이끌었던 두 라이벌, 견훤과 왕건의 대결을 선거 구도로 살펴봤습니다. 선거가 끝나고 나면 항상 승패 요인들을 분석해 보잖아요. 오늘은 한 줄로 분석해 보겠습니다. "왕건은 ○○○ 때문에 승리했고, 견훤은 ○○○ 때문에 실패했다."

최태성 "왕건은 덧셈의 정치로 승리했고, 견훤은 뺄셈의 정치로 실패했다." 정치는 덧셈의 정치를 해야 하거든요. 그런데 사람들이 뺄셈의 정치에 익숙해져 있어요. 이때 왕건이 보여 준 사례가 모범이 되지 않을까 하는 생각이 듭니다.

이익주 "왕건은 호족 때문에 성공했고, 견훤은 손쉬운 성공 때문에 실패했다." 왕건은 호족들의 협력을 얻었기 때문에 성공했고, 자기가 호족이었기 때문에 성공할 수 있었습니다. 그런데 견훤은 신라에 대한 복수라는 것을 내세워 후백제를 만드는 데까지는 손쉽게 성공할 수 있었지만, 반신라 감정을 가지고서는 절대로 후삼국을 통일할 수 없었던 것이죠.

류근 백성들을 한데 끌어안고 어떠한 국가를 만들 것인지에 관한 전망이나 철학 같은 것이 견훤에게서는 보이지 않았죠.

신병주 　전체적으로 보면 왕건은 포용과 통합, 즉 덧셈의 정치를 했고,
　　　 견훤은 배척과 독단, 즉 뺄셈의 정치를 했습니다. 이것이 두 사
　　　 람의 큰 차이였고 왕건이 최후의 승리자가 될 수 있었던 원인이
　　　 된 거죠.

류근 　오늘날 우리에게도 시사하는 바가 커요. "어떤 리더십을 선택할
　　　 것인가?"

2

태조 왕건, 스물아홉 명의 아내를 얻다

고려의 태조 왕건은 아내가 스물아홉 명이었다. 사료에 남아 있는 것만 해도 그러니, 실제로는 더 많았을 수도 있다. 하지만 지금 확인되는 스물아홉 명만으로도 우리 역사 기록에서 가장 많은 수의 왕비다. 왕건은 왜 이렇게 많은 왕비를 두었던 것일까?

후삼국을 통일하는 과정에서 왕건과 견훤의 경쟁은 누가 더 많은 호족의 지지를 받느냐에 따라 판가름 났다. 왕건이 궁예를 몰아내고 즉위했을 당시만 해도 견훤은 이미 18년 전부터 후백제를 세우고 세력을 확장하고 있었으며, 군사력에서도 앞서 있었다. 이러한 상황에서 왕건은 호족들을 자기편으로 끌어들이기 위해 노력했고, 그 핵심이 바로 결혼을 통한 동맹이었다. 한편 호족의 입장에서도 왕건과의 혼인은 자신의 세력을 보장받을 수 있는 확실한 방법이었으므로 얼마든지 환영했을 것이다. 즉 이 스물아홉 번의 결혼은 왕건과 호족들 간의 정략결혼이었다.

그나마 왕건의 첫 결혼은 비교적 순수했다고 할 수 있다. 왕이 되기 전에 송악(지금의 개성)의 호족 출신이던 왕건은 이웃 정주의 호족 천궁의 딸과 결혼했다. 그 사람이 바로 태조의 제1왕후 신혜왕후다. 왕건의 집안이 송악의 부상이었던 것과 마찬가지로 천궁 역시 정주의 부유한 상인으로, 격이 맞는 가문끼리의 일반적인 혼인이라고 할 수 있다.

왕건의 제2왕후는 나주 사람 다련군의 딸 장화왕후다. 왕건이 궁예의 부하로 있을 때 수군을 이끌고 후백제의 배후에 있는 나주를 공격하여 점령한 적이 있었다. 혼인은 이때 이루어졌는데, 왕건으로서는 적지나 다름없는 곳에서 자신을 도와줄 사람이 절실했을 것이고, 오히려 다련군이 가까운 후백제에 적대하며 멀리 있는 왕건 편에 서는 모험을 한 것이었다.

세 번째 결혼부터는 왕건이 왕위에 오른 다음 호족들을 자기편으로 끌어들이기 위해 실시한 정략결혼이었다. 제3왕후 신명순성왕후는 충주 사람 긍달의 딸로, 당시 충주는 후삼국의 쟁패에서 매우 중요한 전략적 요충지였다. 계속해서 왕건은 황주, 명주(지금의 강릉), 평주(지금의 평산), 경주, 홍주(지금의 홍성), 합주(지금의 합천), 광주, 승주(지금의 순천), 춘주(지금의 춘천), 동주(지금의 서흥) 등 주요 지역 호족의 딸과 결혼했다. 신라가 항복해 오자 즉시 경순왕의 딸과 결혼하여 옛 신라 사람들의 민심을 달래는 것도 잊지 않았다.

왕건은 아들 스물다섯 명과 딸 아홉 명을 두었다. 아내가 29명이나 되는 것에 비하면 많지 않은 수였다. 하지만 어머니가 서로 다른 아들이 여럿 있다는 것만으로도 왕위 계승 문제가 복잡해질 수밖에 없었다. 제1왕후 신혜왕후는 아들이 없었고, 제3왕후 신명순성왕후가 왕비 가운데 가장 많은 5남 2녀를 낳았을 뿐 아니라 그 친정은 충주의 대호족으로 새 왕의 외척이 되기에 손색이 없었다. 그럼에도 불구하고 왕건은 한미한 집안 출신인 제2왕후 장화왕후가 낳은 무(武)를 후계자로 지명했다. 왕위에 오르기 전에 궁예의 명으로 나주를 공격하던 시절에 자신을 도와준 데 대한 보답이었을까? 첫아들이 왕위를 잇게 함으로써 장자 계승의 원칙을 확립하고자 했음일까? 아니면 무에게 우리가 모르는 어떤 능력이 있었던 것일까? 그 이유는 분명치 않지만 왕건의 뜻은 확고했고, 충성스러운 박술희를 새 왕의 후견인으로 세운 뒤 웃으며 세상을 떠났다. 뒷날 왕위를 둘러싸고 형제들 간에 골육상쟁이 일어나리란 것을 전혀 모르는 채였다.

이야기를 다시 스물아홉 명의 아내에게로 돌려 보면, 왕건은 그 가운데 누구를 가장 사랑했을까? 수많은 정략결혼 속에서 왕건에게는 사랑이 과연 있기나 했던 것일까?

태조 왕건이 아내를 스물아홉 명이나 얻은 이유는?

드라마에 등장하는 태조 왕건의 임종 장면.

왕건의 마지막 순간을
수십 명의 여인이 지키는 모습이 인상적이다.

왕건은 고려를 건국하는 과정에서
제1왕후 신혜왕후를 시작으로
평생 무려 스물아홉 명의 아내를 맞이한다.

왕건이 이토록 많은 여인과 혼인한 이유는
과연 무엇이었을까?

태조 왕건과 스물아홉 명의 아내

최원정 드라마 속 태조 왕건의 임종 장면을 보면 수많은 여자가 모여 있
　　　어요.

이익주 드라마에서는 왕건이 임종하는 자리에 수많은 여인이 모인 것처
　　　럼 묘사했죠. 하지만 실제로는 왕건의 아내 스물아홉 명이 한자
　　　리에 모이는 일은 없었을 겁니다. 그중에 여섯 명은 왕후, 나머
　　　지 스물세 명은 부인으로 불렸습니다. 아마 왕후 여섯 명만이 궁
　　　궐에 같이 살았을 거고, 부인 스물세 명은 지방에 있는 친정에서
　　　살았을 겁니다.

류근 　근데 왕건이 바람을 피운 것도 아니고 합법적으로 결혼해 얻은
　　　아내들이잖아요. 공평하게 사랑을 나눠 줬어야 할 것 같은데, 현
　　　실적으로 가능했을까 싶기도 해요. 아랍 쪽에는 지금도 일부다
　　　처제 국가들이 있지 않습니까? 거기서는 모든 아내에게 공평하
　　　라고 가르친다고 합니다. 그래서 재산은 물론이고 심지어는 시
　　　선과 시간도 공평하게 나눠야 한대요. 예를 들어 부부 동반으로
　　　여행을 다녀오려면 다 같이 가야 하는 거예요. 아니면 돌아가면
　　　서 한 명씩 한 명씩 똑같은 코스와 일정으로 동등하게 다녀와야
　　　한다고 합니다.

고려 대 조선: 왕실 혼인

최원정 아내가 스물아홉 명이나 됐으면 아내들 사이에 위계질서가 분명
　　　히 있었을 거예요. 조선은 정비와 후궁이 지위가 달랐잖아요. 고
　　　려와 조선의 왕실 혼인은 어떻게 달랐을까요?

신병주 가장 큰 차이점은 정비의 수입니다. 일단 왕건은 왕후만 보아도
　　　여섯 명이잖아요. 근데 조선은 원칙이 정비는 무조건 한 명이었
　　　죠. 이 정비가 사망해야 새로운 정비를 세울 수 있습니다. 그러면

파주 소령원 조선 숙종의 후궁이자 영조의 어머니인 숙빈 최씨의 무덤이다.

조선 왕은 아내를 한 명만 두어야 할까요? 후궁 제도가 있죠. 조선 태종 때 마련된 후궁 제도를 보면 정비와 후궁의 지위에는 상당한 차이가 있어요. 정비는 왕처럼 아예 품계가 없어요. 반면에 후궁은 품계를 두고 그에 따른 서열도 있어요. 높은 순으로 빈, 귀인, 소의, 숙의, 소용, 숙용, 소원, 숙원입니다. 그리고 정비의 무덤은 능으로 호칭해요. 후궁의 무덤은 원 또는 묘로 부르고요.

이익주   그만큼 조선은 후궁 제도를 정교하게 만든 거죠. 하지만 고려의 제도는 그렇게 복잡하지 않습니다. 정비가 여럿일 수 있습니다. 실제로도 그랬고요. 왕건의 모든 아내는 정비로 대우를 받았죠. 왕후로 불리든 부인으로 불리든 모두 정비이고, 그들이 낳은 아들은 태조 때는 모두 태자로 불렀습니다. 여러 태자 가운데 후계자가 될 태자, 그러니까 우리에게 익숙한 개념의 태자는 아주 특별한 이름으로 부르는데, 바를 정 자에 맏이 윤 자를 써서 정윤(正胤)으로 불렀습니다.

이해영   고려와 조선, 정말로 개념이 기본부터 다르네요. 새로운데요.

태조 왕건, 최다 혼인 기록을 세우다

최원정 그러면 왕건은 왜 스물아홉 번이나 결혼했는지 찬찬히 살펴보겠습니다.

이해영 그래도 스물아홉 명은 과하다고 봅니다.

류근 고려 왕실의 혼인을 지금 우리 시대를 기준으로 평가하는 것은 아니지 않나 하는 생각이 듭니다.

이해영 그래서 고려는 일부다처제였나요? 아내를 여럿 두는 게 합법적으로 용인되는 사회였던 거예요?

이익주 아닙니다. 우리가 알고 있는 것과는 좀 다르게 고려는 일부일처제 사회입니다. 그런데 왕실만은 예외입니다. 왕실은 여러 명의 정비를 둘 수 있게 되어 있죠. 그래서 왕건도 여러 명의 정비가 있는 거고요. 왕실의 자손이 번성해야 한다는 생각 때문에 예외적으로 시행한 제도 같습니다.

류근 괜히 왕이 되려고 했던 게 아니네요. 백성들은 번성하면 안 된다는 겁니까? 왕실만 번성하면 어쩌려고 그러는지 모르겠네요. 그러면 세금은 누가 냅니까?

최원정 그러면 고려의 다른 왕들도 왕건만큼 아내를 많이 뒀다는 얘기인가요? 몇 명씩 뒀어요?

최태성 그래프를 보면서 설명을 좀 드릴게요.

류근 좀 너무하네요. 보험회사 판매왕을 보여 주는 그래프도 아니고 말이죠. 저건 뭐, 따라잡을 수가 없겠는데요.

이해영 너무 독보적이에요. 왕건이 이달의 보험왕입니다.

최원정 예상은 했지만 말이죠.

최태성 고려는 태조에서 공양왕까지 서른네 명의 왕이 있거든요. 그런데 왕건을 제외한 나머지 왕들은 아내의 수가 평균 3.2명, 그러니까 세 명 정도밖에 안 돼요. 아내의 수로 따지면 태조 왕건은

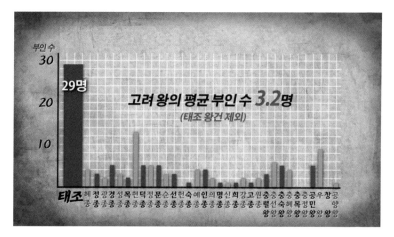

역대 고려 왕의 배우자 수(그래프)

대수	이름	수	대수	이름	수	대수	이름	수	대수	이름	수
1	태조	29	10	정종	5	19	명종	1	27	충숙왕	5
2	혜종	4	11	문종	5	20	신종	1	28	충혜왕	4
3	정종	3	12	순종	3	21	희종	1	29	충목왕	–
4	광종	2	13	선종	3	22	강종	2	30	충정왕	–
5	경종	5	14	헌종	–	23	고종	1	31	공민왕	5
6	성종	3	15	숙종	1	24	원종	2	32	우왕	9
7	목종	2	16	예종	4	25	충렬왕	3	33	창왕	–
8	현종	13	17	인종	4	26	충선왕	6	34	공양왕	1
9	덕종	5	18	의종	2	평균 배우자 수(태조 제외)					약 3.2

역대 고려 왕의 배우자 수(표)

비교할 수 없는 독보적 존재예요.

신병주 고려 시대뿐만 아니라 삼국시대와 조선 시대를 통틀어도 우리나라 역대 왕 중에 공식적으로 왕건처럼 많은 아내를 둔 왕은 없습니다.

이해영 평생 살면서 결혼하고 싶은 상대를 한 번이라도 만나기가 참으로 어려운 일인데, 왕건은 스물아홉 명이나 만나 결혼했어요. 대단합니다. 이런 일이 어떻게 일어날 수 있죠?

태조 왕건 아내들의 출신지

신병주 일단 왕건이 어느 지역에서 아내를 만났는지부터 조사해 보겠습니다. 지도에 표시된 곳을 보시면 황해도 황주에서 시작해 경기도 광주를 거쳐 충청도와 전라도에 이르고, 경상도의 합천과 의성, 강원도 명주(강릉)까지 전국에 걸쳐 있습니다. 그야말로 팔도 사나이입니다.

최태성 어디 하나 발길이 닿지 않은 곳이 없네요.

이해영 열심히 돌아다녔네요. 통신사의 기지국 위치를 표시한 지도라고 해도 믿겠어요.

류근 근데 저게 결혼 상대를 만나려고 돌아다닌 게 아닙니다. 태조 왕건은 후삼국 통일의 과업을 위해 전쟁터를 떠돌다가 청춘을 다 보낸 사람이에요. 저런 궤적이 나올 수밖에 없죠.

이해영 자세히 보면 한 지역에서 여러 명과 만나기도 했어요.

이익주 광주원부인 왕씨와 소광주원부인 왕씨는 경기도 광주 출신입니다. 그리고 대서원부인 김씨와 소서원부인 김씨는 동주, 즉 지금의 황해북도 서흥 출신입니다. 놀랍게도 각각 친자매들이죠. 그러니까 장인 한 사람이 왕건에게 두 딸을 보낸 겁니다.

이해영 친자매와 결혼하다니, 너무 충격적인데요.

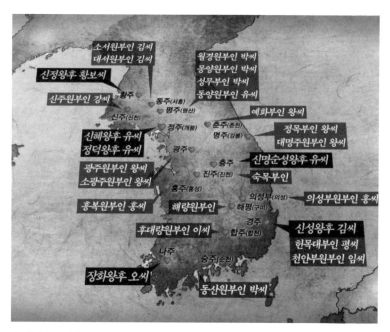

태조 왕건 아내들의 출신지

이익주 왕건이 언니와 동생 모두와 결혼하기를 간절히 원했다고 보기는 어려울 것 같습니다. 오히려 자매의 아버지가 왕건과 혼인하기를 더 원했다고 보입니다.

이해영 왕건에게도 조강지처가 있었을 거 아니에요? 너무 속상했을 것 같아요.

최원정 왕건에게는 왕이 되기 전에, 궁예의 휘하 장수이던 시절에 만난 첫 아내가 있습니다. 그들의 사랑 이야기를 만나 보시겠습니다.

왕건의 첫 아내, 신혜왕후 유씨의 이야기

궁예의 휘하 장수 시절,
출정을 위해 정주에 머무르던 왕건.

한 여인에게 첫눈에 반해
그 여인의 집으로 찾아가고
후한 대접을 받으며 하룻밤을 묵는다.

> "오늘 이 아이가 자네에게 시침을 들 것일세.
> 잘 모셔야 한다."

부부의 연을 맺은 두 사람.

하지만 왕건은 전쟁터로 떠난 후 소식이 끊기고
여인은 절개를 지키며 홀로 긴 세월을 보낸다.

한참 후에야 왕건이 그녀를 다시 찾아 부르니,
바로 왕건의 첫 아내, 신혜왕후 유씨다.

태조 왕건의 제1왕후, 신혜왕후

최원정 　왕건의 조강지처를 만나 보셨습니다. 근데 남편 곁에서 얼마나 괴로웠을까요? 끝날 듯 끝날 듯 끝나지 않고 계속 생기는 내 남자의 아내들. 정말 이루 말할 수 없는 고통이었을 것 같아요.

신병주 　왕건의 첫 아내는 왕건의 집안과 격이 맞는 집안 출신이에요. 왕건이 송악을 중심으로 하는, 아주 잘나가는 해상 세력이고 부자라고 했잖아요. 마찬가지로 신혜왕후의 아버지 천궁은 황해도 정주를 대표하는 해상 세력입니다. 왕건이 909년에 2500명의 군사를, 914년에 2000명의 군사를 거느리고 전투에 참여했을 때 바로 이 정주역이 발진 기지였죠. 그리고 이때 천궁이 왕건에게 군량미를 지급했다는 기록도 있어요.[†]

최태성 　가문의 격이 맞을 뿐만 아니라, 신혜왕후 유씨는 제1왕후다운 풍모를 갖고 있어요. 여장부입니다. 궁예가 학정을 펼치니까 그 밑에 있던 사람들이 '이제는 안 되겠다. 궁예를 쳐야겠다.'라는 생각에 왕건에게 와서 거사를 도모하거든요. 근데 이때 왕건이 좀 주저하는 모습을 보이니까 신혜왕후 유씨가 왕건을 독려해 군사를 일으키게 합니다. 상황이 어땠냐면 거사를 도모하는 회의를 하기 전에 왕건이 아내에게 오이를 따오라고 내보냅니다. 회의 내용을 못 듣게 하려고 목이 마르다는 핑계를 댄 거예요. 오이를 먹으면 시원하니까요. 그래서 신혜왕후 유씨가 밖으로 나가는 척하다가 휘장 속에 숨은 거예요.[‡]

이해영 　뭔가 낌새를 알아차린 거예요.

최태성 　도대체 무슨 얘기를 나누는 건지 들어 보는데 남편이 주저하는 거예요. 군사를 일으켜야 하는데 말이죠. 그래서 휘장을 딱 걷고 나와 이렇게 얘기했다고 합니다. "의거를 일으켜 포악한 군주를 교체하는 일은 옛날부터 있었습니다. 지금 장수들의 의견을 들어 보니 저도 의분이 솟구치는데 하물며 대장부야 어떠하겠습니까?"

최원정 기개가 넘치네요.

최태성 "지금 뭐 하는 겁니까?" 이런 얘기죠.

이해영 그 말을 또 왕건이 받아 준 거네요. 보통은 "남자들 얘기하는데, 따오라는 오이는 안 따오고 어딜 엿들어!"라며 화낼 수도 있는데 아내의 조언을 받아들인 거잖아요.

류근 뭔가 큰일을 할 때는 늘 뒤에 여성들이 있어요. 그런 예가 너무 많아요.

신병주 이때 신혜왕후 유씨가 왕건에게 손수 갑옷을 입혔다는 기록이 있어요. 여기서 누가 떠오르죠?

류근 세조의 아내도 그랬잖아요.

신병주 그렇죠. 정희왕후가 떠오르죠. 수양대군이 계유정난을 일으키기 직전에 주저하고 있을 때 그 심상치 않은 분위기에서 정희왕후가 딱 나타나서 수양대군에게 갑옷을 입혀 주니까 안 갈 수가 없는 거예요. 그래서 세조가 정변에 성공했다는 일화는 아마 이전 시대 왕건의 일화에서 차용한 측면이 많았을 겁니다.

> † 천궁의 집은 크게 부유하여 고을 사람들[邑人]은 (그를) 장자(長者)로 불렀다. (……) 태조가 그 집에 묵게 되었는데, 그 집에서 일군(一軍)을 대접한 것이 매우 풍성하였다.
> —『고려사』 「태조 후비 신혜왕후 유씨 열전」
>
> ‡ 궁예의 말년에 홍유와 배현경, 신숭겸, 복지겸이 태조의 집을 찾아가 장차 (궁예를) 폐립할 일을 의논하려 하면서 왕후가 그것을 알지 못하게 하려고 왕후에게 일러 말하기를, "뜰에 새로 열린 오이가 있습니까? 따 오실 수 있겠지요."라고 하였다. 왕후가 그 의도를 알고 북쪽 방문을 따라 나가다 몰래 휘장 속[帳中]에 숨었다.
> —『고려사』 「태조 후비 신혜왕후 유씨 열전」

세조 어진 초본 1935년에 모사한 것이다.

태조 왕건의 혼인 정책

최원정 이렇게 훌륭한 조강지처가 있는데, 왜 그 이후에 스물여덟 명의
아내를 더 두는 거죠? 왕건이 누구 때문에 왕이 됐는데 말이죠.

화가 더 나는데요.

이익주 제가 왕건을 위해 변명을 좀 하겠습니다. 너무 개인사적 측면으로만 이야기하는 것 같아서요. 왕건이 스물아홉 명의 아내를 거느린 것, 사실은 거느렸다고 하기도 뭣하지만, 아무튼 스물아홉 번이나 결혼한 것은 여자가 좋아서라기보다는 후삼국을 통일하기 위해서입니다. 정치적인 계산을 한 것이죠. 왕건은 그 자신이 호족이고, 전국의 호족들은 왕건과 대등한 사람들입니다. 그리고 왕건은 궁예의 부하로 경력을 시작했죠. 이런 왕건이 고려를 건국하고 후삼국을 통일하기 위해 견훤과 싸우며 신라를 계속 의식해야 하는 상황에서 가장 중요한 것은 무엇일까요? 각 지방에서 독립 세력으로 존재하던 호족들의 지원을 받는 것입니다. 그리고 유력한 호족과 가장 믿을 수 있는, 가장 강력한 동맹을 맺을 방법이 바로 결혼이라고 생각했던 거죠. 그래서 아까 지도에 봤던 것처럼 전국 곳곳에 있는, 각 지역의 가장 유력한 호족의 딸과 결혼함으로써 그 호족의 지지를 끌어내려 합니다. 그 결과 스물아홉 번이나 결혼했던 것이고요.

류근 생각해 보면 호족들로서는 나쁠 게 없어요. 왕건이라는 든든한 뒷배를 마련하는 동시에 자기 딸이 왕의 아내가 되고 훗날 외손자가 왕이 되면 일거에 권력을 차지할 수 있잖아요.

최원정 왕건과 호족들이 결혼을 통해 아주 끈끈한 동맹을 맺었네요.

류근 서로 이해가 맞아떨어지는 상황이에요. 단순한 호색이 아니라 대의와 전략에 입각한 행보였던 거예요.

최태성 혼인 시기를 좀 더 들여다보면 아무 때나 결혼한 게 아니에요. 결혼 상대로 누구든지 상관없다는 것도 아니었고요. 물론 유력하고 부유한 호족의 딸이라는 공통점은 있어요. 하지만 잘 보면 전시에는 주로 무장들의 딸과 혼인하고, 통일되고 난 다음부터

는 신라 왕족과 혼인해요. 정략결혼을 전략적으로, 자유자재로
활용하는 모습을 보여 주는 거죠.

류근 　한 개인의 혼인이라기보다는 국가의 주요 정책이었군요. 치밀하
게 계산하고 추진한 것으로 보입니다.

최태성 　그 당시의 고려는 기본적으로 호족 연합 정권이라는 특징을 갖
고 있잖아요. 그런 상황에서 왕건은 어떻게든 왕을 중심으로 하
는 중앙집권으로 전환하려고 많이 노력하거든요. 그 대표적인
노력 중에 사성 제도라는 게 있어요. 사성의 뜻이 뭐냐면 사 자
가 내릴 사(賜) 자이니까 성을 내리는 거예요. 왕씨 성을 주는 건
데, 여기서 질문을 한 번 던져 볼게요. 왕건의 성은 무엇일까요?

류근 　당연히 왕건의 성은 왕이죠.

이해영 　왕건의 성은 왕이에요? 왕건의 성이 정확히 뭐예요?

최태성 　왕건은 원래 성이 없어요. 왕건의 아버지가 용건이라고 했잖아
요. 할아버지는 작제건.

이해영 　어? 성이 없네요? 건이 성이에요? 서양식이에요? 성이 뒤에 있
는 거예요?

최태성 　원래 왕건에게는 성이 없었어요. 왕건 자체가 이름인데, 나중에
이름에서 왕을 분리해서 성씨로 삼고, 건을 이름으로 한 거죠.
그리고 이 왕씨 성을 호족들에게 주는 거예요. 그러면서 우리는
같은 친족이라는 식으로 묶어 버리는 거죠.

최원정 　왕건은 왜 성이 없었어요?

이익주 　그 당시를 보면 신라의 박씨와 석씨, 김씨, 고구려의 고씨, 백제
의 부여씨처럼 왕족들은 성이 있습니다. 귀족들도 성을 가지고
있고요. 신라를 예로 들면 경주에 사는 진골, 그리고 그 아래에
있는 6두품, 5두품 순으로 점점 성을 가졌을 겁니다. 그런데 왕
건도 그렇고 궁예와 견훤 같은 사람들은 전부 지방에서 태어난

사람들이거든요. 지방 사람들이 언제부터 성을 쓰기 시작했는지
는 아주 흥미로운 주제입니다. 지금까지 밝혀진 바로는 왕건의
사례에서처럼 신라 말과 고려 초에 이르러 성을 쓰기 시작한 것
으로 보입니다. 그것도 스스로 성을 만들어 칭하는 경우도 있지
만, 대부분은 고려 왕실에서, 그러니까 태조가 성을 하사합니다.

류근　왕건의 아내들에게도 성씨가 있잖아요. 그럼 그것도 왕건과 결
혼한 후에 하사받은 성으로 볼 수 있는 거죠?

이익주　그럴 가능성이 매우 큽니다. 첫 번째 아내 유씨는 "아버지의 이
름은 천궁이다."라고만 되어 있죠. 유천궁이 아닙니다. 두 번째
아내도 오씨로 되어 있지만, "아버지는 다련군이다."라고만 되어
있어 아버지에게 오씨 성은 보이지 않습니다. 이런 경우가 대개
성을 갖고 있지 않았던 호족이 딸을 왕건과 혼인하게 하면서 성
을 사용하게 된 경우로 해석할 수 있습니다.

류근　우리나라 성씨 발전사에서도 대단히 중요한 의미가 있는 이야기
네요.

신병주　최태성 선생님의 성씨인 경주 최씨는 신라 시대 때부터 비롯되
었잖아요. 그리고 제 성씨는 고려 초부터 시작됩니다. 신숭겸 장
군이 배출되면서 평산이라는 본관도 그때 하사받은 거죠. 우리
나라 대부분의 성씨와 본관이 정착되는 게 고려 초기입니다. 바
로 왕건의 호족 통합을 위한 사성 정책에서 비롯되어 제도화한
거죠.

류근　그런데 한편으로 슬슬 불안해지는 게, 아내가 스물아홉 명쯤 되
면 당연히 자식도 많았을 거 아닙니까? 그러다 보면 당연히 후계
구도를 놓고 갈등과 다툼이 생기기 마련일 텐데 말이죠. 예견할
수 있는 상황 아니에요?

이해영　제1왕후, 그러니까 첫 번째 아내의 지위나 입지가 확고했던 것

춘천 신숭겸 묘역 봉분이 세 개 있는 것이 특징이다.

같은데, 제1왕후에게서 얻은 장자로 후계 구도를 마련해 놓으면
되지 않아요?

이익주 근데 그렇게 되지를 못합니다. 첫 번째 아내에게서는 아들이 태
어나지를 않습니다. 그러다 보니 제2왕후 이하 여러 아내의 소생
들이 경쟁하는 상황이 만들어집니다.

태조 왕건의 제2왕후, 장화왕후

이해영 1등에게 아들이 없으면, 순서대로 해서 2등에게 몰아줘야 하는
거 아니에요?

이익주 그런데 제2왕후, 그러니까 장화왕후 오씨가 가문의 배경이 상대
적으로 약했다는 데서 문제가 발생합니다.

이해영 하필 제2왕후의 가문이 안 좋다니 안타깝네요. 왕건이 전략적인
거 같으면서도 뭔가 약간씩 허술한 부분이 있어요.

최원정 근데 왕건은 왜 별 볼 일 없는 가문을 선택한 거예요?

최태성   왕건이 군대를 이끌고 행군하는데, 목이 너무 마른 거예요. 그래
        서 우물가를 찾고 있었는데, 나주 금성산 남쪽을 보니 상서로운
        오색구름이 보이는 거죠. 뭔가 느낌이 좋아 그곳으로 가 보았더
        니 우물이 있는 거예요. 근데 그 우물 옆에 한 아리따운 처녀가
        빨래를 하고 있었고요.

왕건   물 한 잔 청해도 되겠습니까? 고맙소이다. 응? 아니 웬 나뭇잎
        이 바가지에……. 왜 물 위에 나뭇잎을 띄워 주신 겁니까?
처녀   급하게 드시다 체할까 두려워서 그랬사옵니다.
왕건   아니, 이렇게 지혜로운 여인이 있다니…….

최태성   이런 상황에 감동한 왕건이 처녀의 아버지에게 청혼한 거예요.
        그래서 결혼을 했는데, 후일 처녀가 "그분이 찾아오시기 며칠 전
        에 황룡 한 마리가 구름을 타고 날아와 제 몸속으로 들어오는 꿈
        을 꾸었어요."라는 얘기를 했다고 합니다.[†]
류근   일단 황룡이라고 하니까 의미심장한데요. 태몽도 미리 받아 놓
        고 있었다는 거예요.
최원정   그런데 태몽을 미리 받은 이 아이의 출생에는 몹시 은밀한 이야
        기가 전해지고 있습니다.

> [†] 왕후가 일찍이 나루터의 용이 뱃속으로 들어오는 꿈을 꾸었다. 놀라면서 깨어
> 부모에게 말하니 모두 기이하게 여겼다. 오래지 않아 태조가 수군 장군으로 나
> 주에 출진하여 목포에 정박하였다. (태조가) 강가를 바라보았더니 오색의 구름
> 같은 기운이 서려 있었다. (그곳에) 이르니 왕후가 빨래를 하고 있었는데, 태조
> 가 불러 사랑하였다.
> ―『고려사』 「태조 후비 장화왕후 오씨 열전」

왕건의 장자 무의 출생 비화

조선 초에 편찬된 고려 시대 역사서, 『고려사』.
이 책은 왕건의 장자 무의 출생을
다음과 같이 기록하고 있다.

"장화왕후 오씨는 나주 사람이다."
"왕후의 집안이 미천하므로
태조는 그녀를 임신시키지 않으려고 했다."

왕건은 장화왕후를 임신시키지 않으려고
돗자리에 사정을 한다.

"그러나 왕후가 노력해 마침내 아이를 가졌다."
"열 달 후 출산하니, 태조 왕건의 첫아들이다."

그러자 장화왕후가 즉시 이를
자신의 몸속에 집어넣으니
마침내 임신하고 아들을 낳는다.

태조 왕건과 장화왕후의 은밀한 이야기

최원정 이 이야기는 야사가 아니에요. 정사인 『고려사』에 기록돼 있는 내용입니다.

류근 조금 민망한 이야기네요. 근데 제목이 『고려사』다 보니까, 이 책이 고려 시대 때 나왔다고 착각하기 쉬운데, 사실 『고려사』를 기록한 주체는 조선의 사관들이지 않습니까? 점잖은 사람들이 저런 이야기를 기록했다는 게 믿기지 않아요.

신병주 『고려사』는 조선 초에 세종의 명으로 편찬을 시작한 책이에요. 기전체로 되어 있습니다. 통사로 된 고려 시대 역사책이 없었던 상황에서 세종이 각별한 관심을 두고 그 당시 최고의 학자를 모아 자료를 수집하고 편찬하게 했죠. 그 당시에 쟁쟁한 학자 많잖아요. 김종서와 정인지 등이 참여합니다. 정사답게 고려 시대 역사에 관한 한 가장 정확한 사료이죠. 그래서 왕건의 장자 무의 출생에 관한 기록이 어떻게 요즘 황색 언론도 아니고 『고려사』에 실렸는지 의문을 품을 수 있습니다. 그런데 사관들이 이런 이야기를 『고려사』에 실었다는 건 어느 정도 사료로서 객관성을 인정했다는 말이거든요. 다시 말해 이 소문이 그 당시에도 상당히 널리 퍼져 있었다는 겁니다.

최원정 그런데 이러한 사실이 어떻게 알려진 건가요? 누가 봤어요? 이걸 어떻게 본 거죠?

이익주 누가 봤다기보다는, 그런 소문이 있었다는 것 자체가 역사적 사실인 거죠. 실제로 있었던 일이든 아니든 간에 고려 시대의 민간에 그런 이야기가 유포되어 있었고, 그 소문을 역사적 사실로 취급해 기록한 겁니다.

최원정 뭔가 의미가 있으니까, 사관이 중요하다고 생각해 쓴 거네요.

최태성 장화왕후 오씨의 가문이 격이 떨어진다고 했잖아요. 그런데 왕건과 혼인하니까 많은 사람이 '뭘까? 어떻게 저런 일이 벌어졌지?'라고 의문을 품어서 추측한 것들이 구전되면서 사실이 돼 버린 거죠.

류근　저는 이 소문이 정치적 의미를 담고 있다고 봅니다. 일종의 흑색 선전이 아닐까 싶어요. 그만큼 왕실이나 호족 세력들은 제2왕후가 장자를 낳았다는 사실을 받아들이기 싫었던 겁니다.

이해영　흑색선전으로 볼 수 있겠죠. 어쨌건 이 소문에서 중요한 점은 왕건은 임신을 시키지 않으려고 나름대로 어느 정도는 노력했다는 거 같아요. 그 점이 밖으로 전해져야만 했던 거죠.

류근　아니, 왕건이 "나는 그래도 수태를 시키지 않기 위해 노력했다."라고 소문을 낸다고요? 말이 안 되는 것 같습니다. 이 소문 자체가 정황이 너무 구체적이에요. 믿을 수 없는 기록입니다. 두 사람 중에 누군가가 말했을 리도 없고, 해석하기 참 어렵습니다. 그래서 정치적인 함의가 있는 거예요.

이익주　이 이야기의 본질은 누군가가 뒤에 만들어 냈다는 점이지요. 왕건이 원치 않는 아들을 낳게 된 사정을 누군가가 유포한 것으로 보아야 합니다. 역사적 사실일 수는 없죠.

류근　장화왕후 오씨의 집안이 도대체 어느 정도였기에 한미하다는 소리를 들은 건가요?

최태성　장화왕후 오씨의 아버지 다련군이 나주 서남해안 쪽의 해상 세력이라는 점 정도가 기록에 있는데,† 일단 아주 대단한 집안은 아니었던 것 같습니다. 벼슬도 없어요. 그러면 나주가 어떤 곳인지를 파악해야 봐야죠. 나주는 후백제의 배후에 있는 곳이잖아요. 전략적으로 중요한 곳이에요. 그래서 왕건이 나주에서 후백제군과 전투를 벌이기 위해서는 어떻게든 나주 지역의 토착 호족 세력으로부터 도움을 받아야 했다는 얘기죠. 그런데 이때는 왕건이 왕이 되기 전이었습니다. 눈앞에 닥친 상황을 타개해야 하니까 가문의 격은 좀 떨어진다고 하더라도 격을 너무 따지지 않고 결혼한 게 아니었을까 정도로 추측할 수 있을 거 같아요.

> † 장화왕후 오씨는 나주 사람이다. 조부는 부돈, 아버지는 다련군으로, 대대로 나주의 목포에 살아왔다.
> ─『고려사』「태조 후비 장화왕후 오씨 열전」

태조 왕건의 자녀 서른네 명, 후계자는 누구?

이해영 그러면 장화왕후 오씨에게서 장자가 태어난 이후에, 왕건의 다른 아내들도 아들을 낳았는지가 중요한 사항이 될 것 같아요.

신병주 왕건이 스물아홉 명의 아내에게서 총 서른네 명의 자녀를 본 것으로 기록되어 있어요. 자료를 보시면, 아들이 스물다섯 명이고 딸이 아홉 명입니다. 제가 계산해 보니 아내 한 사람당 자식은 1.2명입니다. 자식을 가장 많이 낳은 사람은 충주 출신인 신명순성왕후 유씨고요. 5남 2녀를 두었어요. 왕건이 이 아내와 사이가 좋았다는 것을 의미할 수도 있죠. 한편으로 다르게 해석하면 왕건이 신경을 상당히 썼다고 볼 수도 있고요. 충주가 전략상의 요지입니다. 지금도 한반도 지도를 보면 충주가 중심에 있잖아요. 신라 시대에는 중원경이 있었던 곳이기도 했고요. 고려와 후백제, 신라의 당시 국경을 표시하면 충주가 삼국이 맞닿은 곳에 있습니다.

류근 신명순성왕후 유씨의 서열은 어떻게 돼요?

신병주 세 번째입니다. 제3왕후가 되는 거죠.

류근 조선 시대를 보면 권력을 잡기 위해 왕의 사랑을 독차지하려는 여인들의 알력과 외척들의 암투가 엄청 심했잖아요. 그래서 일부러 한미한 가문의 여인을 들이기도 하고요. 그런데 왕건은 정

신정왕후 황보씨

성무부인 박씨
동양원부인 유씨

정목부인 왕씨

정덕왕후 유씨

신명순성왕후 유씨

소광주원부인 왕씨

숙목부인

흥복원부인 홍씨

의성부원부인 홍씨

신성왕후 김씨
한목대부인 평씨
천안부원부인 임씨

왕자 25명,
공주 9명

장화왕후 오씨

황주
동주(서흥)
신주(신천)
평주(평산)
정주(개풍)
춘주(춘천)
명주(강릉)
광주
충주
진주(진천)
홍주(홍성)
의성부(의성)
해평(구미)
경주
합주(합천)
나주
승주(순천)

태조 왕건의 자녀들

반대로 각 지역의 강력한 호족을 처가로 둔 것 아닙니까? 이쯤
되면 뭔가 대책을 강구해야 하는 것 아닙니까?

최태성   맞습니다. 어떤 일이 벌어질지 뻔히 보이잖아요. 왕건도 고민했
어요. 왕건이 자기의 신앙이나 사상, 정치 규범 같은 걸 다 담은
게 훈요십조[1]잖아요. 거기에 왕위 계승에 관한 내용이 담겨 있어
요. 제3조를 보시면, "적자에게 나라를 물려주는 것이 비록 상례
이기는 하나, 만약 맏아들이 불초하거든 그다음 아들에게 물려
주고, 그마저 불초하면 형제 중에서 여러 사람에게 신망받는 자
가 대통을 잇게 하라."라고 되어 있습니다.

이해영   왕건이 정말로 안정된 왕위 계승을 원했다면 문장이 명확하고
간결해야 하지 않을까요? 장자가 다음 왕이라고 확실하게 못을
박으면 될 것을 모호하게 "맏아들이 불초하거든 그다음 아들"이
라고 해 놓았잖아요.

최태성   해석의 여지를 남긴 거죠.

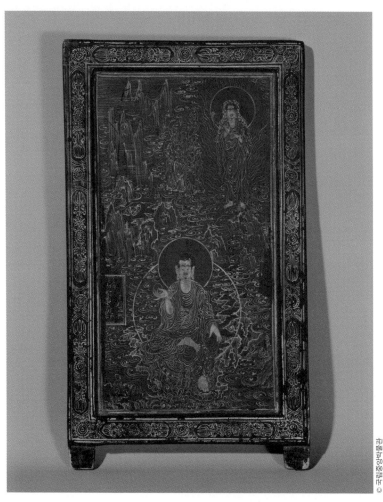

고려 태조 담무갈보살예배도 금강산에 오른 왕건이 현신한 담무갈보살에게 예배드리는 장면을 묘사했다.

류근   갈등의 소지가 있겠네요.

이해영 누가 다음 왕으로 적임자인지를 두고 각자 마음대로 해석한 다음에 서로 싸울 수 있는 명분만 제공한 거죠.

최원정 그런데 왕건은 상황이 심각하게 돌아가기 전에 일찌감치 본인의 후계자, 즉 정윤을 정해 버립니다.

이광용 921년, 왕건의 후계자이자 고려의 첫 정윤이 등장했습니다. 누구냐고요? 예상들 하시겠지만, 바로 제2왕후인 장화왕후 오씨의 소생, 장자 무입니다. 정윤 책봉을 위해 다방면으로 애 쓰셨다는 정윤책봉위원장을 모시고 얘기를 잠시 나눠 보겠습 니다. 이분으로 말씀드릴 것 같으면, 독자적인 지역 기반이 있 는 호족은 아닙니다. 궁예와 왕건의 신임을 받는 관료로서 출 세한 인물이라는 평가가 지배적인 분입니다. 특히 충성심이 어마어마하다고 들었습니다, 장군.

박술희 그렇소. 내 소개를 좀 하겠소. 정윤책봉위원장 박술희올시다. 나로 얘기한다면 궁예의 호위병 출신으로서 폐하와는 전투에 서 생사고락을 함께했던 사람이오.

이광용 그런데 후계자, 그러니까 정윤을 책봉하기에는 이른 거 아닌 가요?

박술희 글쎄요. 정윤의 나이가 열 살이고, 폐하께서 지금 40대 중반이 시니, 오히려 늦은 거 아니요?

이광용 아무래도 이 후계자 자리를 놓고 벌어질 수 있는 호족 간의 세력 다툼을 미리 방지해 보겠다는 숨은 의도가 있는 게 아니 냐는 분석도 있습니다만.

박술희 그건 노코멘트로 하겠소. 근데 생각해 보시오. 지금이 921년 이오. 고려가 건국된 직후 아니요? 후삼국을 통일해야 하는 전쟁을 앞두고 쓸데없는 분란을 막아야 하지 않겠소?

이광용 아, 뭔가 설득력이 있습니다. 그런데 사실 정윤의 어머니 쪽 집안보다 다른 왕자들의 어머니 쪽 집안들이 더 쟁쟁하지 않 습니까? 반발도 분명히 있을 텐데요. 이게 분명 쉬운 과정은 아니었으리라는 생각이 듭니다만, 깜짝 놀랐습니다. 거꾸로 폐하께서 로비하셨다고요? 뭐 좋은 거라도 받으셨습니까?

박술희 로비? 로비라는 표현은 좀 그렇고, 폐하께서 제게 마음을 보내셨습니다.

류근 왕이 신하에게 뭘 보낸 거죠?

박술희 이것이 바로 폐하께서 정윤의 모친께 보낸 마음이오. 한번 보시겠소? 깜짝 놀라실 것이오. 하하.

이광용 오, 이건 금칠이 된 옷이 아닙니까?

류근 저건 혹시 황제가 입는 황포 아닙니까?

박술희 그렇소. 이게 바로 폐하께서 나에게 보내신 메시지요.† 뭐, 더는 말하지 않겠소. 하하.

이광용 이익주 교수님, 이게 어떤 의미가 있는지 설명 좀 부탁드리겠습니다.

이익주 왕건은 이 황포를 가진 오씨의 장남 무가 내가 바라는 차기 왕이라는 뜻을 전달한 거죠. 그러니까 그 뜻을 알아챈 박술희가 나서서 무를 정윤으로 책봉하자고 주장하기 시작합니다. 그렇게 분위기가 형성되자 왕건은 박술희가 저렇게 강력히 주장하니 검토하지 않을 수 없다고 하면서 처음 자기 의지대로 무를 정윤으로 자연스럽게 책봉하는 데 성공했던 것이죠. 무가 열 살 때의 일입니다.

이광용 사실 한 나라를 세운 왕이 장자를 정윤으로 책봉하는 데 이렇게까지 눈치를 보고 신경을 써야 하나 하는 생각도 한편으로 듭니다. 아무래도 장화왕후 오씨의 가문이 한미한 탓에 다른 호족들의 눈치를 볼 수밖에 없는 상황이겠지요. 그러면 앞으로 이 정윤의 운명은 어떻게 될까요?

태조 왕건, 정윤 '무'에게 후견인을 세우다

최원정 열 살의 정윤이라, 사실 나이는 좀 어리긴 하지만, 개국 후의 혼란을 피하고자 일찌감치 후계 구도를 정해 버린 건 충분히 이해되네요. 근데 고려가 세워지고 불과 3년 만에 이루어진 일이에요. 아주 급하게 일을 처리한 느낌이 드네요.

이익주 정윤을 책봉하는 시점은 왕건의 아내가 스물아홉 명이 되기 전입니다. 그 당시에 열 살이면 장성한 아들이죠. 이 아들에게 아주 일찍 정윤의 자리를 확보해 줌으로써 후계 구도를 안정되게 가져가려 했다고 생각해 볼 수 있습니다.

최태성 왕건은 무를 정말 아꼈어요. '나중에 내가 죽으면 무가 자리를 지킬 수 있을까?' 이런 불안도 있었던 것 같고요. 그래서 무를 강력한 호족들의 딸과 정략결혼을 하게 합니다. 자기처럼 말이죠. 그뿐만 아니라 아주 든든한 후견인을 붙여 줍니다. 박술희와 경기도 광주 출신의 호족을 후견인으로 세워 보호해 주려는 모습도 보입니다.

이해영 뭔가 든든한 보호 장치를 마련한다고 하더라도, 다른 아들들이 강한 호족들인 외할아버지의 비호를 받는 거에 비하면 상대적으로 불안할 수밖에 없죠.

최원정 그렇죠. 왕이 되기 직전까지는 항상 불안해요.

태조 왕건의 죽음

최태성 그런데 943년 5월, 왕건이 결국 병석에 눕습니다. 그리고 67세로 세상을 떠나죠. 죽음이 임박했을 때 아주 멋진 말을 남겼다고 해요. "나는 죽는 일을 그냥 집에 돌아가는 일처럼 여기고 있다. 슬퍼할 것 없다. 생명의 덧없음을 모르느냐?"† 죽음은 그냥 일상인데, 그걸 왜 슬퍼하냐는 얘기죠.‡

류근 왕건이 죽는 순간까지 정윤이 바뀌었다는 기록 같은 건 없는 모양이에요. 그러니까 그 왕무가 결국 왕이 된다는 뜻이죠?

이익주 그렇습니다. 일단 정윤을 바꾸지는 못합니다. 그래서 무가 태조에 이어서 왕위에 오르는데, 이 사람이 바로 혜종입니다.

> † 왕이 말하기를, "내가 병을 얻은 지 이미 20일이 지났지만 죽는 것을 고향으로 돌아가는 것과 같이 여기니[視死如歸], 무슨 근심이 있겠는가?"라고 하였다.
> ─『고려사절요』 태조 26년(943) 5월 20일
>
> ‡ 왕이 웃으면서 말하기를, "뜬구름 같은 인생은 예로부터 그러하다."라고 하고, 말을 마친 후 잠시 뒤에 훙서하였다. 왕위에 있은 지 26년이며 나이는 67세였다.
> ─『고려사』 「세가」 태조 26년(943) 5월 29일

혜종을 후계자로 선택한 이유는?

이해영 왕건은 강력한 호족에게 때로는 고개를 숙이고 때로는 타협해 가면서 힘을 모아 후삼국을 통일한 거잖아요. 근데 강력한 배경을 가지지 못한 정윤 무를 왕으로 만드는 것에 관한 딜레마와 고뇌가 많았을 거라는 생각이 들어요.

이익주 태조 왕건은 장기적으로 본 거지요. '무가 배경이 약한 건 사실이지만, 내가 지금 배경이 강한 다른 아들을 왕으로 삼는다면, 앞으로 이 나라에서 장자 계승이라는 원칙이 어떻게 지켜질 수 있을까? 이 나라의 장기적인 정치적 안정을 위해서는 장자 계승

의 원칙을 세울 필요가 있다.' 이런 식으로 판단해서 무를 정윤으로 일찍 책봉하고, 후견하는 세력을 키워서 보호하게 했을 겁니다.

류근 　태조 왕건으로서는 제일 나은 선택을 한 것으로 보여요.

최태성 　사랑이니 하는 것보다는 고도의 정치적 계산 속에서 정윤을 정한 거죠.

스물아홉 명의 아내, 혼인 후의 삶은?

최원정 　스물아홉 명이나 되는 아내들의 삶은 과연 어땠는지 조금 걱정도 되고 궁금하기도 해요. 어떤 삶을 살았을까요?

신병주 　우리가 흔히 하는 생각으로는 고려를 건국한 태조 왕건의 아내 정도면 당연히 화려하게 생활했을 거라고 선입견을 품는데, 그렇지가 못했죠. 대표적으로 첫 번째 아내 신혜왕후가 한때 비구니의 길을 걸었죠. 나중에 왕건이 다시 불러들이지만 말이죠. 그리고 서흥 출신의 자매들도 비구니가 되는데, 왕건이 그 소식을 듣고도 다시 불러들이지 않았어요.†

류근 　왕건의 아내들은 한 남자의 아내가 되었다기보다는 왕실과 가문 간 계약의 증거가 되지 않았나 하는 생각이 들어요. 그러니까 가문을 생각하면 이혼이나 재가 같은 건 생각하기 곤란했을 거 같아요.

최원정 　그렇죠. 재가하는 순간 왕실과의 인연은 끊기는 큰 불이익이 올 수도 있으니까요. 쉽게 결정을 못 했겠죠.

이익주 　태조 왕건이 나중에 서경, 즉 평양을 관리하는 사람으로 김행파를 파견합니다.‡ 신 교수님이 언급하신 서흥 출신 자매의 아버지죠. 그리고 서경에 대서원과 소서원이라는 두 개의 절을 짓게 해서 두 부인을 각각 그 절에 거주하게 합니다. 그러니까 왕건이 아예 잊은 것은 아니겠죠. 아무튼 왕건과 딸들의 결혼을 통해 김행파가 출세한 것만은 분명한 사실입니다. 딸들이 아버지의 출세를 기뻐했을지, 자기의 개인적인 불행을 먼저 생각했을지는 좀 더 생각해 봐야겠습니다.

류근 　조선 시대를 보면 왕과 혼인한다는 것 자체가 이미 정치 행위잖아요. 여인들이 직접 정치에 뛰어들기도 하고요. 이때도 그렇게 해석해야 할 거 같아요.

최원정 　고려 건국의 대업은 왕건이 호족들과 적절히 손도 잡고 견제도 하면서 이루어 낸 거네요.

> † 태조가 불쌍히 여겨 불러서 만나 보고 말하기를, "그대들이 이미 출가하였으니 뜻을 뺏을 수 없다."라고 하였다.
> —『고려사』 「태조 후비 소서원부인 김씨 열전」
>
> ‡ 이 해에 대승(大丞) 질영과 행파 등의 가족[父兄子弟]과 여러 군현의 양가 자제를 이주시켜 서경을 충실하게 하였다.
> —『고려사』 「세가」 태조 5년(922)

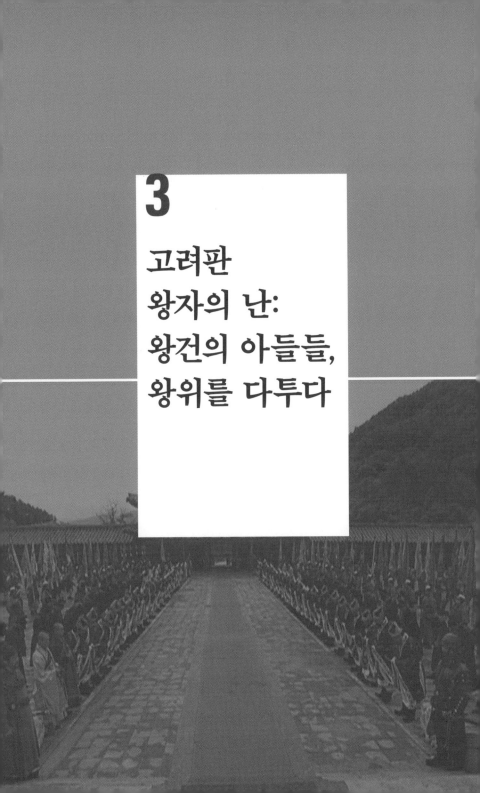

3

고려판 왕자의 난: 왕건의 아들들, 왕위를 다투다

조선에 '태정태세문단세······'가 있다면 고려에는 '태혜정광경성목······'이 있다. 이 가운데 고려 태조 다음의 혜종과 정종, 광종의 3대가 형제이니, 한동안 형제 세습이 이루어진 셈이다. 그 과정이 순탄했을까? 그럴리가 없다. 고려 태조의 왕자들은 형제들끼리 왕위를 다투었고, 그런 의미에서 고려판 왕자의 난이라 부를 수 있다. 아들(태종)이 아버지(태조)를 거역한 조선판 왕자의 난과는 다르다.

불행의 씨앗은 혜종의 허약함에서 싹텄다. 태조와 제2왕후 장화왕후 오씨 사이에서 태어난 혜종 무(武)는 외가가 한미하다는 구설에도 불구하고 태조의 전폭적인 지원에 힘입어 후계자가 될 수 있었다. 하지만 태조의 제3왕후 신명순성왕후의 소생인 요(堯)와 소(昭) 형제가 강력한 외가 세력을 배경으로 혜종과 대립했다. 게다가 혜종이 즉위한 지 얼마 되지 않아 병석에 눕자 양측의 대립이 표면화되었다.

혜종이 왕요, 왕소 형제와 대립하는 가운데 혜종의 장인인 왕규가 반란을 일으켜 자신의 외손자이자 태조의 아들인 광주원군을 왕위에 올리려 했다.(왕규는 태조에게도 두 딸을 시집보내 태조, 혜종 부자와 삼중의 혼인 관계를 맺고 있었다.) 그보다 전에는 왕규가 정치적 동지이자 자기와 마찬가지로 혜종의 후견인인 박술희를 왕명이라고 속이고 죽이는 사건이 있었다. 강력한 경쟁 세력 앞에서 혜종과 왕규, 박술희가 분열했다는 것인데, 이 부자연스러운 전개는 승자에 의한 역사 왜곡으로 해석된다. 즉 혜종의 유고를 빌미로 왕요와 왕소 측에서 박술희와 왕규를 차례로 제거하고 그 책임을 왕규에게 전가했던 것이다. 그래서 '왕규의 난'이라는 말이 생겨났다.

그렇다면 왕규는 어떻게 되었을까? 왕규는 태조의 사촌 동생인 왕식렴에게 살해되었다. 왕식렴은 일찍이 서경에 터를 잡고 국경의 정예부대를 지휘하고 있었는데, 이때 왕요와 손잡고 왕규의 난을 진압했던 것이다. 병석의 혜종은 두 날개를 모두 잃고 왕위에 오른 지 2년 만에 쓸쓸히 숨을 거두었다. 그렇다면 후사는 어떻게 되었을까? 원칙대로라면 혜종의 아들이 계승해야 했지만, 왕자의 난을 일으킨 자답게 왕요가 조카를 밀어내고 왕위에 올라 제3대 왕 정종이 되었다.

정종이 즉위한 뒤로는 왕식렴을 중심으로 한 서경 세력의 약진이 두드러졌다. 서경으로 천도하려는 움직임이 일어나기도 했다. 하지만 과도한 서경 쏠림은 다른 모든 지역의 불만을 초래했다. 그러한 불만 속에서 지금까지 숨어 있던 실력자인, 정종의 동생 왕소가 등장했다. 정종은 병석에 누웠다가 즉위한 지 4년 만에 세상을 떠났고, 그보다 두 달 전에는 왕식렴이 죽었다. 우연의 일치라고만 보기 어려운 후견인의 죽음과 국왕의 병사가 두 차례 반복되었다. 그 후사는 어떻게 되었을까? 역시 정종의 아들이 아니라 동생 왕소에게 이어졌다. 제4대 왕 광종이 즉위한 것이다.

고려와 조선 모두 창립기에는 왕자의 난이 일어났다. 후백제 견훤의 아들 신검 또한 그러했으니, 왕자의 난은 왕조 국가의 운명이 아닌가 생각되기도 한다. 새로 나라를 세우고 왕위 계승의 원칙을 확고히 하기 전에는 늘 일어날 수 있는 일이었다. 그래도 창업자의 여러 아들 가운데 가장 능력 있는 사람이 후계자가 되어 수성의 시대를 여는 것이 왕조를 위해서도 좋은 일이 아니었을까? 실제로 왕자의 난에서 최종 승자가 된 조선의 태종만큼이나 고려의 광종도 유능한 군주였다.

광종과 태종만이 아니라 고려와 조선의 두 정종(定宗)도 닮은 점이 많다. 태조의 아들이고, 왕자의 난을 통해 왕이 되었으며, 동생에게 빼앗기듯 왕위를 물려줬다. 이것을 보면 역사가 반복되는 것처럼 보이기도 한다. 하지만 역사는 절대로 반복되지 않는다. 겉보기에 같아 보여도 본질적인 차이를 찾아내는 것, 이것이 역사를 깊이 공부하는 사람들이 할 일이다.

고려판 왕자의 난

태조 왕건의 맏아들로 왕위에 오른 혜종은
즉위 2년 만에 심각한 병에 걸린다.

"갈 때가 된 것 같소……."
"그게 무슨 말씀이시옵니까, 폐하."

945년 9월, 결국 혜종은 숨을 거둔다.

"아바마마!"
"폐하!"

같은 날, 혜종의 뒤를 이어 왕위에 오른 것은
아들 흥화군이 아닌 배다른 동생 왕요.

정식 왕위 계승자도 아니었던 그가
왕위에 오를 수 있었던 이유는 과연 무엇일까?

왕건의 다음 왕은 누구일까?

최원정 태조 왕건은 아내가 스물아홉 명에 자녀가 서른네 명이었잖아
요. 당연히 왕건이 죽은 후에 왕위를 놓고 많은 자식 간의 분란
이 충분히 예상됩니다. 그런데 사실 왕건 바로 뒤의 왕이 누군지
잘 모르는 사람이 더 많은 거 같긴 해요. 우리가 조선 시대 왕 순
서는 달달 외우는데, 고려의 왕들 순서는 아세요?

류근 저는 딱 네 명, '태혜정광'까지 외웠습니다.

이윤석 그래도 처음하고 끝은 알아요. 맨 뒤에는 고민이 많았던 공민왕,
우왕좌왕했던 우왕과 창왕, 공손하게 양보한 공양왕, 이렇게까
지는 외우고 있어요.

신병주 조선 왕은 우리가 '태정태세문단세'로 시작해서 노랫말처럼 외
우는데, 고려는 일단 일곱 명이 더 많습니다. 조선 왕은 스물일
곱 명인데 고려 왕은 서른네 명이죠.

최원정 고려 시대 편을 쭉 보시면 저절로 암기가 될 거예요. 이해를 돕
기 위해 고려의 인물들을 저희가 정리해 보겠습니다.

태조 왕건의 아들들

이윤석 먼저 고려의 제2대 왕 혜종이 있습니다. 태조 왕건의 첫째 아들
이자 장화왕후 오씨의 아들이죠. 원래 태조 왕건은 장화왕후에
게서 후사를 보지 않으려고 했는데, 장화왕후가 임신하는 데 성
공해 혜종을 낳았습니다.

신병주 혜종은 태어났을 때부터 얼굴에 돗자리 무늬가 새겨져 있어서
주름진 임금으로 불렸다는 이야기도 있습니다.[†] 『세종실록』을
보면 그때까지도 전라도 나주에서 혜종의 초상화를 보관하고 있
었다는 기록이 있거든요.[‡] 이 초상화가 지금까지 남아 있었으면
얼굴에 정말 돗자리 무늬가 있는지 확인할 수 있을 텐데, 안타깝

습니다.

최원정 아, 그 초상화가 잘 보존됐었어야 하는데 말이죠.

류근 근데 그 돗자리 얘기는 어디로 보나 창작이잖아요. 아버지가 돗자리도 아니고, 돗자리 유전자를 물려받았을 턱도 없는데, 어떻게 주름이 그런 식으로 생길 수가 있겠어요. 유전공학적으로 말이 안 됩니다. 명백한 음해에요.

이익주 이런 이야기는 믿고 안 믿고를 떠나서 '왜 사람들이 이런 이야기를 만들어 냈을까?'라고 관심을 둘 필요가 있다고 봅니다. 혜종이 즉위하고 난 다음에 왕건의 아들들 사이에 많은 싸움이 벌어지면서 고려 초기의 정치가 혼란스러워집니다. 이때 혜종의 반대편에 섰던 사람들이 "혜종은 태조가 원한 아들이 아니다."라거나 "태어나지 말았어야 하는 아들이다."라는 식으로 자기 생각을 퍼뜨리기 위해 이런 이야기를 만들었을 것으로 해석해야 할 겁니다.

최원정 그런 얘기까지 나온다는 건 왕에 대한 모독이잖아요. 이런 소문을 퍼뜨리고 다니면 모독죄로 안 잡혀가나요?

이익주 혜종의 어머니인 장화왕후 오씨가 나주 호족의 딸이기는 하지만, 왕건이 뒤에 결혼하는 다른 호족의 딸들보다 가세가 한미했습니다. 그래서 혜종이 정윤이 될 때도 왕건이 다른 호족들의 눈치를 봅니다. 그런데 왕건이 죽고 나니까 왕건과 혼인해서 아들을 낳은 충주 유씨와 황주 황보씨, 정주 유씨, 이 세 세력이 힘을 합치면서 혜종에게 반대하는 분위기가 만들어지죠.

최태성 그러면 이제 혜종의 반대쪽을 설명해 드리겠습니다. 먼저 막강한 충주 유씨 가문이 배출한 왕후, 바로 태조 왕건의 제3왕후인 신명순성왕후 유씨가 있습니다. 혜종과 장화왕후 오씨 쪽이 아들을 가장 먼저 낳은 장남파라면, 이쪽은 자식을 많이 낳은 다산

금강산 출토 이성계 발원 사리장엄구 일괄 조선을 건국하기 직전에 이성계가 봉안한 사리 갖춤이다. 향처인 한씨 대신에 경처인 강씨의 이름이 발원자로 들어간 것에서 두 아내의 위상 차이를 엿볼 수 있다.

파라고 볼 수 있겠습니다.

최원정 아들 다섯에 딸 둘을 낳았다고 했었죠.

최태성 신명순성왕후 유씨가 낳은 아들 중에서는 형 왕요와 동생 왕소가 연합해 혜종의 왕위를 노리고 있었습니다. 혜종에게 적장자인 흥화군이 있는데도 말이죠. 흥화군의 출생 연도는 알 수가 없지만, 나중에 혜종이 사망했을 때로 따져 보면 많게 잡아도 10대 중반쯤 되지 않았을까 하는 정도로 추측하고 있습니다.

> † (혜종은) 얼굴에 돗자리 무늬가 있었으므로 세상에서 이르기를 '주름살 임금[皺主]'이라 하였다.
> ─『고려사』, 「태조 후비 장화왕후 오씨 열전」
>
> ‡ 예조에서 계하기를, "전라도 나주에 소장된 혜종의 진영 및 소상(塑像)을 개성 유후사(留後司)로 옮겨 능 곁에 묻게 하소서."라고 하니, 그대로 따랐다.
> ─『세종실록』 10년(1428) 8월 1일

흔들리는 왕위

류근 그러면 조선 시대처럼 어머니가 수렴청정을 했어도 되고, 아니면 삼촌이 섭정하는 방식으로 얼마든지 왕위를 이을 방법이 있었던 거 아닙니까?

신병주 원칙으로 보면 당연히 혜종의 장자가 왕위를 세습하는 게 원칙입니다. 하지만 태조 왕건이 남긴 훈요십조를 보면 "왕위 계승은 맏아들로 함이 상례이지만, 맏아들이 불초할 때는 둘째 아들이 계승하고, 둘째 아들이 불초할 때는 형제 중에서 중망을 받는 자에게 대통을 잇게 하라."라는 내용이 있거든요. 근데 이 불초하다는 표현은 어디든 다 갖다 붙일 수 있어요.

최태성 그렇죠. 너무 추상적인 표현이죠.

신병주 능력이 부족해서 불초하다고 할 수도 있고, 성격이 이상해서 불초하다고 할 수도 있죠. 상당히 모호한 규정이잖아요. 그래서 원래는 혜종의 후계자로 가장 우선권을 가진 인물이 흥화군이지만, 결국 흥화군은 왕위를 계승하지 못했어요. 흥화군은 삼촌에게 왕위를 빼앗긴 셈입니다. 어떻게 보면 수양대군에게 왕위를 빼앗긴 단종의 처지와도 상당히 닮아 있죠.

이윤석 그래도 단종은 많은 사람이 아쉬워하고 기리는데, 흥화군은 그 존재조차도 잘 모르니까 마음이 좀 아픕니다.

이익주 어느 왕조나 창업이 참 어려운 일이지만, 수성을 하는 것은 더 어려운 일입니다. 아직 왕실이 안정되어 있지 않기 때문에, 장자가 계승한다는 원칙도 분명하지가 않죠. 게다가 많은 사람이 이런 초창기의 혼란을 안정시킬 능력 있는 왕을 원하기도 합니다. 그렇게 되면 왕의 아들 가운데서 누가 가장 능력이 있는지 서로 따져 보게 되죠. 이러다 보니까 왕건이 사망한 다음에 왕건의 아들들이 서로 다투어 혜종과 정종, 광종이라는 세 왕이 재위한 시기에 개경과 서경의 관료 중 반이 죽거나 다쳤다고 합니다.† 많은 사람이 희생당할 만큼 정치가 아주 혼란하게 전개되었다는 것을 보여 주죠.

류근 원래 왕조시대에는 일치일란(一治一亂)이라고 해서 치세 다음에 난세가 온다는 유명한 말이 있어요. 그래도 왕위를 노린다는 건 지목숨을 걸고 하는 도박일 텐데, 왕요와 왕소가 도대체 뭘 믿고 그렇게 위험한 도박에 뛰어드는지 그게 의문이라는 거죠.

최원정 이 상황이 대단히 궁금하시죠? 지금 혜종과 왕요, 왕소가 고려의 왕위를 걸고 바둑으로 대국을 벌이고 있다고 합니다.

> † 일찍이 혜종과 정종, 광종 세 임금께서 서로 왕위를 계승한 초기를 보니 모든 일이 안정되지 못한 시기여서, 개경과 서경[兩京]의 문무 관리의 절반이 이미 살상되었습니다.
> ― 『고려사』 「최승로 열전」

고려 왕위 쟁탈 대국:혜종 대 왕요 · 왕소

이광용 제1회 그날배 고려 왕위 쟁탈 대국, 세기의 대결! 고려의 왕위를 둘러싸고 혜종을 상대로 왕요와 왕소가 나서 형제간의 기 싸움이 아주 팽팽한 상황이죠. 이 세기의 대국에 앞서 각자의 각오를 들어 보지 않을 수가 없습니다.

혜종 내가 몸이 조금 약한 건 인정하오. 하지만 정말 어렵게 태어나 어렵게 책봉되고 어렵게 왕이 되었소. 이렇게 쉽게 왕 자리를 뺏길 수는 없소. 내가 정통 왕위 계승자의 힘을 보여 주겠소. 콜록콜록.

왕요 보시면 알겠지만, 형님 몸이 좀 안 좋습니다. 지금 이 고려가 해야 할 일이 참 많습니다. 아무래도 형님보다는 이렇게 팔팔

한 젊은 피가 개혁을 이끌어 나가는 데 적합하지 않을까 하고 생각하고 있습니다.

이광용 두 분의 각오 잘 들었습니다. 그러면 지금부터 본격적인 대국을 시작해 보겠습니다.

혜종 나의 첫 수는 나주! 이곳 나주에는 나의 외가가 있소. 태조께서 후백제와 싸울 때 무려 6년간이나 머물렀던 곳이오.

왕요 저도 외가 있습니다. 저는 충주입니다. 이 가운데죠. 이렇게 가운데에 집을 만들면 상대는 맥을 못 추더군요. 충주는 통일 신라 시대 때의 5소경 중 중원경입니다. 교통의 요지이고 정치의 요지입니다.

혜종 그러면 나는 바로 옆에 있는 진천! 이 물 맑고 살기 좋은 진천에 나의 처가가 있소. 당연히 처가는 나를 지지하고 있소.

왕요 형님, 저도 결혼했습니다. 저도 처가가 있지 않습니까? 승주(순천)가 요즘 유명합니다.

혜종 그럼 나는 결정적인 한 수를 두겠소. 경기도 광주! 내게는 아내가 한 명 더 있다는 얘기요. 왕규는 태조께 딸을 두 명 시집 보냈고, 내게도 딸을 한 명 보냈소. 이게 무슨 얘기냐면, 말로만 듣던 겹사돈이라는 거요. 고려 왕실에 보낸 딸이 세 명이니까, 3겹사돈! 떼려야 뗄 수 없는 정말 강력한 관계라고 말씀드릴 수가 있소. 여기서 나의 승리가 보이는구먼!

왕요 제 동생 왕소를 잊으신 듯한데, 그 왕소의 처외가가 바로 황주 황보씨입니다. 황주 황보씨와 충주 유씨는 지금 고려 호족의 양대 산맥이라고 해도 과언이 아니지 않습니까? 이렇게 보니 제가 가운데 자리와 북변에 큰 집을 형성했습니다, 형님.

이광용 아, 지금 혜종 쪽에서 장고에 들어간 상황으로 보입니다.

왕요 형님, 제 수를 어서 받으시지요.

혜종과 왕요 및 왕소의 지지 세력 분포

이광용 안타까운 상황이 계속 이어지는데요. 아, 혜종이 결국 초읽기
       까지 몰립니다. 하나, 둘, 셋…….

혜종   아, 둘 데가 없어, 둘 데가. 에잇!

이광용 혜종이 돌을 던졌습니다! 아, 이렇게 빨리 혜종이 돌을 던지
       리라고는 전혀 예상하지 못했는데요. 이러면 혜종이 불계패
       가 되는 건가요? 왕요에게는 아직도 다음 수가 남은 것으로
       보이는데요.

왕요   저는 더 있어요. 경주에는 우리 누이 낙랑공주와 결혼한 경순
       왕이 계십니다. 그리고 평주의 호족인 박수문과 박수경도 우
       리를 돕기로 했습니다. 마지막으로 서경에서는 당숙부 왕식
       렴도 돕기로 했습니다. 보시면 알겠지만, 내 흰 돌이 형님의
       검은 돌을 에워싼 형국이올시다.

이광용 안타깝게도 돌을 던지고만 혜종! 대국 결과에 관해 한 말씀
       부탁드리겠습니다.

혜종   나는 인정할 수가 없소. 애초에 나는 1 대 2로 싸운 것이오. 왕

요와 왕소, 이 두 명과 상대한 거니까 불공정한 경기라고 주장하는 바이오.

이광용 과연 혜종, 앞으로 왕위를 계속 지킬 수 있을까요? 지키기 위해서 어떤 묘수를 내놓을까요?

왕요·왕소 형제와 호족들의 결탁

최원정 그런데 왕요와 왕소를 지지하는 세력이 실제로 저렇게까지나 많았나요?

신병주 신명순성왕후에게는 아들이 다섯이나 있고, 그중에서도 왕요와 왕소라는 영민한 두 인물이 힘을 합치니까 상대가 안 되는 거죠. 조선 시대에도 제1차 왕자의 난이 일어났을 때를 보면 방석의 세자 책봉에 반대해서 이방원의 동복형제들이 똘똘 뭉치거든요. 그러니까 고려와 조선의 개국 초기는 이복형제에게 맞서는 동복형제라는 구도가 있다는 점에서 닮았죠.

류근 드라마에서도 충주 유씨 가문이 자기네 세력을 과시하려고 사돈들과 일가친척을 다 불러 모으는 장면이 있습니다. 그런데 왕요와 왕소의 뒤를 외가인 충추 유씨가 밀어준 거잖아요. 충주 유씨의 다른 친척들까지 도와줬을 것으로 생각하면 그 위세가 어마어마했을 겁니다.

이익주 왕요와 왕소는 지지자가 많기도 하지만, 지지자들이 자리한 위치도 좋습니다. 충주는 한반도의 가운데, 즉 중원이지 않습니까? 충주를 차지한다고 하는 것이 한반도 전체를 차지하는 데 아주 핵심적인 역할을 합니다. 실제로 후삼국 전쟁 시기에 충주의 호족들이 태조 왕건을 적극적으로 돕고 세력을 확대해 나가죠. 그리고 또 하나 중요한 지역이 대동강 유역의 서경과 황주인데, 이 일대는 통일신라 시절에는 신라의 정예군이 국경을 방어하려고

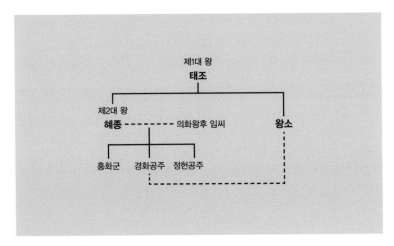

왕소와 경화공주의 혼인

주둔하던 곳입니다. 왕건은 이 지역을 사촌 동생인 왕식렴에게
관리하게 하는데, 왕식렴은 여러 조카 중에서도 왕요와 왕소를
지지합니다. 그 당시 고려에서 가장 강력한 세력의 지지를 얻은
셈이다 보니까 왕요와 왕소가 왕인 혜종보다도 힘을 더 과시할
수가 있었던 것이죠.

류근 　충분히 다른 마음을 품을 수밖에 없는 구도가 된 거였군요.

최원정 　근데 아무리 동생들이라고 해도 왕위를 노린다는 거는 역모잖아
요. 혜종은 동생들의 이런 움직임을 눈치 못 챘던 건가요?

최태성 　혜종의 장인인 왕규가 "왕요와 왕소가 지금 모반을 꾸미고 있
다."라고 이야기해 줍니다. 그런데 혜종은 그걸 듣지 않아요. 오
히려 왕규가 자신의 동생들을 모함한다고 생각합니다.[†] 심지어
는 자신의 맏딸을 왕소에게 시집보내요. 이 결혼이 고려 왕실 최
초의 족내혼이 됩니다.

이윤석 　제가 보기에 혜종은 착하고 순수한 사람이었던 것 같습니다. 사
람이 너무 좋아서 "내 동생들이 그럴 리가 없다. 난 동생들을 믿

는다."라고 하지 않았을까 해요.

류근 　혜종이 정말로 동생들을 믿었다면 오히려 무능하거나 단순하다고 봐야 합니다. 혜종이 어떤 사람이냐면 무려 20여 년 이상을 정윤으로 있었던 사람 아닙니까? 눈치가 보통이 아니었을 거예요. 저쪽 세력이 워낙 기세등등하니까 차라리 유화책을 쓴 것으로 보는 편이 맞지 않을까 싶어요.

신병주 　혜종이 자기 딸을 왕소에게 시집보냈으니까, 왕소는 아우인 동시에 사위가 된 거잖아요. 아우는 모반할지 몰라도 사위는 그렇지 않을 거라고 생각한 거죠.

최원정 　딸을 보냈다는 건 형제를 믿고 싶은 마음이 더 커서가 아닐까요?

이윤석 　그런데 왕소에게만 딸을 보냈잖아요. 어쩌면 왕소를 자기편으로 만들어서 왕요와 왕소 사이에 틈이 좀 벌어지기를 기대한 것은 아니었을까 하는 생각도 듭니다.

최원정 　딸을 보내 이간질함으로써 둘 사이를 멀어지게 한다는 얘기군요. 이렇게 혜종이 동생들의 모반 혐의를 무시했는데, 얼마 안가서 진짜 반역이 일어납니다.

> † 왕규는 왕의 동생인 왕요와 왕소가 모반한다고 참소하였으나, 혜종은 무고임을 알고 은혜로 더욱 후하게 대우하였다.
> ― 『고려사』 「세가」 혜종 2년(945)

왕규가 난을 일으키다

945년, 혜종의 후견인이었던 왕규는
다른 뜻을 품는다.

무리와 함께 난을 일으켜,
혜종이 아닌 새로운 왕을 세우려 한 것이다.

이 계획을 눈치챈 혜종의 이복동생, 왕요와 왕소.
그들은 반란을 막을 방법을 모색한다.

"서경으로 가서 군대를 준비해 줘야겠어."

왕요와 왕소의 든든한 지원군이었던 왕식렴은
서경에서 병사들을 이끌고 와 왕규를 저지한다.

왕규와 그의 무리 300여 명은
반란 계획이 무산되면서 역모죄로 처형된다.

한때 혜종의 장인이자 정치적 후견인으로
최고의 권력을 누렸던 왕규.

그는 왜 갑자기 역심을 품고
혜종에게서 돌아서려 한 것일까?

혜종과 왕규의 갈등: 왕규의 난, 그 진실은?

최원정   아니, 형제들이 역모를 일으키려 한다고 얘기했던 게 왕규인데, 자기가 난을 일으켰네요. 이게 말이 돼요? 왕규는 갑자기 왜 이랬을까요?

신병주   왕규가 혜종을 암살하려는 계획을 꾸몄다는 기록이 『고려사』 「왕규 열전」에 나옵니다. 혜종의 침실에 자객을 보냈는데, 자다가 깬 혜종이 자객을 주먹으로 거꾸러뜨립니다.[†]

류근   믿을 수 없는, 설득력 없는 얘기예요. 아까는 혜종이 병에 걸려서 건강이 안 좋았다고 했는데, 그런 사람이 잠결에 주먹을 휘둘러 자객을 쓰러뜨리다니요.

이윤석   어쨌거나 왕규는 혜종의 사돈이 아닙니까? 혜종이 믿었던 사람인데, 자객까지 보내 제거하려고 한다는 게 말이 좀 안 된다는 느낌이 들어요.

류근   저도 동감입니다. 누가 봐도 왕규의 권력은 혜종에게서 비롯돼 나오는 건데, 혜종을 죽이고 새 왕을 세우겠다는 건 누가 봐도 무리수 아닙니까?

최태성   나중에 왕규가 또 자객을 보내요. 그런데도 혜종이 왕규를 처벌하지 않습니다. 이런 정황을 보면 자객을 보낸 배후는 원래 왕요와 왕소인데, 그 누명을 왕규에게 씌웠다고 주장하는 사람들이 좀 있죠.

최원정   이상하긴 했어요. 아까부터 조작의 냄새가 났어요.

류근   왕규가 반란을 일으키려고 했다는 사실 자체가 의심스럽습니다. 서경에 있는 왕식렴이 어떻게 왕규가 반란을 일으키는 그 시점에 딱 맞춰 등장해 왕규를 무찌르느냐는 거죠. 도저히 믿을 수가 없는 상황이에요. 개경에서 서경까지 직선거리로 약 140킬로미터쯤 된다고 하지 않습니까? 개경에서 일어난 반란 소식이 서경

하남 하사창동 철조석가여래좌상 이 고려 시대의 철불이 출토된 하남은 고려 시대에는 광주에 속했다. 왕규는 광주 일대의 대호족이었다.

에 전해지자마자 병력을 모아 출병한다고 해도 최소 며칠은 걸리는 거리라는 말이죠. 분명히 뭔가 조작의 냄새가 납니다.

이익주 왕규가 실제로 군사를 동원해 난을 일으켰다고 볼 만한 정황은 확인되지 않습니다. 그런데 결과를 놓고 보면 왕규의 난을 계기로 왕요가 왕위에 오르거든요. 그러므로 왕규의 난은 사실 왕요와 왕소가 왕규를 제거한, 일종의 고려판 왕자의 난이 아닌가 하는 해석도 할 수 있습니다.

신병주 조선 시대에 왕자의 난이 일어났을 때도 기록을 보면 "정도전 등이 먼저 군사를 준비했으므로 우리는 정당방어다."라는 식으로 나오거든요.[†] 근데 정작 난을 일으켰다는 정도전 등에게서는 군사적인 움직임을 전혀 찾을 수가 없죠. 그래서 왕규의 난이 상당히 유사하다는 겁니다. "왕규가 난을 일으켰으므로 우리는 정당하게 진압한 거다." 그런데 실체가 없죠. 하지만 역사에는 왕규의 난이라는 이름으로 남았고요.

류근 제가 봤을 때는 왕규가 모든 오명을 뒤집어쓰고 역사의 역적으로 남은 것으로 보입니다.

최태성 우리가 한번 생각해 봐야 할 것 같아요. 정치를 할 때 명분이라는 것을 늘 내세우는데, 그 명분이 다는 아니라는 거죠. 그 명분 뒤에 무언가가 있다는 걸 역사를 공부하면서 알아 나가야 하지 않나 하는 생각이 듭니다.

[†] 왕규는 또한 광주원군을 (왕으로) 세우고자 하였는데, 일찍이 밤에 왕이 깊이 잠든 것을 엿보고 자신의 일당을 침소에 잠입시켜 대역죄를 행하려고 하였다. 혜종이 그것을 알아차리고 한 주먹으로 쳐 죽인 후 좌우 시종들에게 끌어내게 하고는 다시 따져 묻지 않았다.
—『고려사』「왕규 열전」

혜종의 죽음을 둘러싼 의문

이윤석 여기서 혜종의 죽음에 관해서도 의심해 봐야 하지 않을까요? 자연사가 아닐 수도 있겠다는 생각이 들거든요.

최태성 기록에 보면 혜종이 즉위한 지 2년 만에 불치병에 걸렸다는 말이 나와요.† 그리고 이 병이 악화되어 죽었을 때의 나이가 서른네 살이니 매우 젊었죠. 꿈을 펼치지 못하고 사망했습니다.

최원정 혜종은 스물다섯 살 때, 아버지 왕건을 따라서 후백제를 치는 데 큰 공도 세우며 전장을 누볐던 사람인데 갑자기 병이 들어요? 느닷없지 않나요?

신병주 그래서 혜종의 죽음에 관해 의문점이 많습니다. 반대 세력에 의해 제거되었을 가능성도 있고요.

이윤석 제 생각에는 왕의 병이 문제가 아닙니다. 왕자병이 문제예요. 혜종의 동생들, 그러니까 왕자들이 왕이 되고 싶은 병에 걸려서 혜종을 어떻게 한 것은 아닐까 의심됩니다.

최태성 결국 혜종은 병으로 사망하고, 왕요가 왕규의 난을 진압했다는 명분으로 신하들에게 추대를 받아 왕위에 오르죠. 바로 고려의 제3대 왕 정종이 되는 겁니다.

정종의 즉위

최원정 정종의 즉위에 반대하는 세력들도 분명히 있었을 거 아니에요.

이익주 이 시기의 사료가 그렇게 많지 않습니다. 그 많지 않은 사료 중에 이때 혜종에서 정종으로 왕위가 넘어가는 것을 호족들이 반대했다는 기록은 없습니다. 혜종 대를 거치면서 왕요와 왕소를 지지하는 호족들의 세력이 아주 강해져서 이미 대세를 장악한 것으로 보입니다.

류근 반대했더라도 제거당했을 거 같은 분위기죠.

신병주 당시 기록을 보면 정종 즉위 초에는 분위기가 상당히 좋았다고 언급되어 있습니다. "밤낮으로 노력하여 나라를 다스리는 도리를 구했다. 때로는 촛불을 밝혀 들고 조정의 선비들을 접견하였으며, 어떤 때는 정무를 보는 데 너무 바빠서 식사를 늦게 하면서 모든 정사를 결정해서 모든 사람이 기뻐했다." 정말 열심히 일했다는 거죠.

이윤석 고려도 그렇고 조선도 그렇고 대부분의 왕이 초반에는 열심히 잘하는 거 같아요.

최원정 정권 초반에는 항상 지지율도 높잖아요.

최태성 그런 긍정적인 평가가 오래가지는 못합니다. 정종이 즉위 2년째에 서경으로 천도할 계획을 세우면서 민심이 술렁거립니다.

고려 뉴스: 서경 천도 계획 차질

이광용 947년, 정종이 강력하게 드라이브를 걸고 있는 서경 천도 계획에 브레이크가 걸렸습니다. 정종은 공사를 위해 서경 인근 지역의 백성들을 서경으로 강제로 이주하게 했습니다. 그리고 밤낮으로 작업을 강행하게 했는데, 공사 일정이 한없이 늘어나면서 동원됐던 백성들이 무리한 노동에 신음하고 있습니다. 문제는 이뿐만이 아닙니다. 아시다시피 시기를 놓치면 한 해 농사를 완전히 망치게 되죠. 노역에 징발돼 농사를 망치게 된 농민들은 세금을 납부하기는커녕 고향에 있는 가족들을 먹여 살리기조차 어려운 상황에 놓였습니다. 이 때문에 조정에서도 서경 천도 계획을 두고 우려하는 목소리가 아주 높다고 합니다. 신하들 사이에서도 천도와 관련해 의견이 엇갈리는 상황에서 서경 천도가 과연 이대로 추진될 수 있을지 정말 궁금합니다.

정종의 서경 사랑

최원정 　정종은 왜 이렇게 무리해서 서경으로 천도하려고 했던 걸까요?

이익주 　정종은 서경 천도를 통해 자기의 힘을 키우려고 했던 것 같습니다. 서경은 통일신라 시기에 어떤 뚜렷한 호족 세력이 있던 곳이 아닙니다. 여기에 태조 왕건이 즉위한 지 3개월 만에 왕식렴을 보내서 도시를 개발하고 이름도 서경으로 지어 개경에 버금가는 제2의 도시로 건설한 것이죠. 그리고 왕식렴이 장악하고 있던 이 서경이 정종의 가장 강력한 지지 세력이 됩니다. 정종이 즉위하자마자 왕식렴을 공신으로 책봉하면서 이런 이야기를 합니다. "그대가 없었다면 어찌 오늘의 내가 있었겠느냐?"† 이 정도로 서경이 정종에게는 중요한 지지 기반이었던 것이죠.

류근 　정종은 즉위하면서 피를 많이 봤잖아요. 그러니까 개경에는 반대 세력도 분명히 있었을 거라고 봅니다. 여러 가지를 고려했을 때 서경으로 천도해야 자기 뜻을 펼치는 데도 유리하지 않았을까 하는 생각이 듭니다.

이윤석 　뭔가 거슬리는 호족 세력이 없는 곳으로 천도를 하고 싶은 마음은 알 것 같아요. 그런데 그런 곳은 서경 말고도 있었을 것 같거든요.

이익주 　서경 천도를 추진하는 데 또 한 가지 중요한 역할을 한 것이 그 당시에 유행하던 풍수지리입니다. 풍수가들이 서경을 우리나라에서 가장 좋은 길지로 지목합니다. 태조 왕건도 그 말을 믿어서 훈요십조에 보면 "서경은 우리나라 지맥의 근본이 된다. 여기에 수도를 정하면 만대 동안 이어질 것이다."라고 나와 있습니다. 그 당시 사람들이 매우 중요하게 생각한 풍수지리에서 좋은 길지라고 강조하는 서경을 정종이 놓칠 수가 없었던 것이죠.

최태성 　서경을 중요시한 또 다른 이유가 더 있습니다. 왕건이 나라 이름을 지을 때 고려라고 했잖아요. 고려가 바로 고구려를 계승했다는 의미거든요. 바로 그 고구려의 심장이 평양이었기 때문에 고구려를 계승한다는 걸 대내외적으로 강조하는 의미에서 서경을 중시한 거죠.

최원정 　개경에 기반을 둔 사람들로서는 갑자기 수도를 옮긴다고 하면 권력이 이동하는 셈이니까 달갑지 않았을 것 같아요.

신병주 　당연히 싫어하죠. 어떤 면에서는 청천벽력과 같은 이야기죠. 암담할 겁니다. '저기 가서는 내가 어떻게 살까?' 그리고 무엇보다도 여러 공사를 해야 해요. 도읍에 맞는 궁궐이라든가 관련 시설들을 지으려면 노동력이 엄청나게 필요합니다. 그런데 그 노역에 종사하는 사람들은 너무 힘들어하죠. 『고려사』의 기록에 따르면 "민심이 복종하지 않고 원망과 비방이 함께 일어났다."라고 나옵니다.[‡] 그러니까 백성들의 불만도 컸다는 거죠.

최원정 　조선 정종도 예전에 개경으로 천도했잖아요. 특이한데요. 이 정종이라는 묘호를 가진 왕들이 천도를 좋아하나 봐요.

신병주 한자도 똑같아요. 정할 정(定) 자를 씁니다.

† 왕이 (왕식렴에게) 의지하고 신뢰함이 더욱 깊어져 조서를 내려 표창하여 이르기를, "지난날 선왕의 병세가 악화된 상황에서 나를 추대하여 군국(軍國)의 일을 계승하게 하였다. 얼마 뒤 포악한 간신이 흉악한 무리들과 결탁하여 별안간 궁 안에서 변란을 일으키자 경은 살기를 잊어버리고 변란을 막아 냈다. 흉악한 무리들이 와해되고 반역한 무리들이 처형됨으로써 조정의 기강이 땅에 떨어지려다가 다시 일어났고, 종묘와 사직이 무너지려다가 다시 정비되었다. 만약 공의 죽음을 무릅씀이 아니었다면, 내 어찌 오늘에 이를 수 있었겠는가?"라고 하였다.
— 『고려사』「왕식렴 열전」

‡ 노역이 그치지 않고 개경의 민호(民戶)를 뽑아서 (서경을) 채웠으므로, 많은 백성이 따르지 않고 원망과 비방이 들끓었다.
— 『고려사』「세가」정종 4년(949) 3월 13일

정종의 발병

948년 9월, 정종은 신하들과 함께
여진 사신을 접견한다.

그때 갑자기 천둥이 치고 비가 쏟아지며
궁궐 서쪽에 벼락이 내리치자
정종은 크게 놀라 그 자리에서 쓰러진다.

이후 시름시름 앓기 시작한 정종은
병에서 회복되지 못한 채,
친동생 왕소를 불러 왕위를 물려준다.

　　　"아우인 소 태자에게
　　　　지난 예를 따라 위를 전하려 하오."

개국공신과 호족들의 난립 속에
당당하게 왕권을 거머쥐었던 정종.

하지만 그의 시대는 막을 내리고,
이후 고려의 운명은 왕소의 손으로 넘어간다.

광종의 즉위

최원정 저도 벼락이 치면 놀라요. 누구나 놀라잖아요. 근데 얼마나 놀랐기에 몸져누웠을까요?

신병주 『고려사』를 보면 정종에 관해 "불교를 좋아하고 두려움이 많았다."라고 기록해 놓았습니다. 왕위에 오르는 과정에서 많은 사람의 피를 묻히고 권력을 잡은 것이 상당히 부담되니까 항상 신경을 쓰고 긴장했을 거라는 얘기죠. 그런 이유에서인지 이런 기록도 있어요. "10리 길을 걸어 사원에 가서 불사리를 안치했고, 7만석의 곡식을 그 승려들에게 나누어 줬다."[†] 자기의 잘못을 조금이라도 만회해 보려고 했던 정종의 모습이 나타나죠.

최원정 그래서 정종이 동생 왕소, 그러니까 광종에게 등 떠밀리듯이 선위한 게 아닌가 하는 의심을 더더욱 지워 버릴 수가 없네요.

신병주 계속 반복되는 느낌이죠? 혜종에서 정종으로, 다시 정종에서 광종으로, 왕위에 오르는 과정이 상당히 석연치 않은 상황이 반복됩니다.

이익주 음모론을 뒷받침하는 우연한 사건이 또 하나 있습니다. 정종이 죽기 두 달 전에 왕식렴이 죽습니다. 그러니까 정종의 가장 강력한 후원자였던 왕식렴이 죽고 나서 두 달 뒤에 정종이 죽은 거죠. 이것도 과연 우연인가 하는 의심을 사기에 충분한 정황이죠.

이윤석 그런 약속이 있지 않았을까 싶어요. 정종이 즉위하면서 광종에게 "일단은 우리가 힘을 합쳐 혜종의 왕위를 뺏은 다음에 내가 먼저 왕을 하고 그다음에는 너에게 왕위를 물려주겠다."라고 사전에 협상을 한 거죠.

최원정 형제간에 왕권 거래가 있었다는 이야기죠?

이익주 역사상 그런 사례가 있기는 합니다만, 지켜질 수가 없는 약속입니다. 더군다나 정종과 광종은 나이 차이가 두 살에 지나지 않으므로 왕위를 물려준다는 것은 보장받기가 쉽지 않죠. 따라서 그런 약속이 있었다고 보기는 어렵습니다.

류근 그런데 정종은 아들이 없었나요?

신병주 혜종과 비슷한 상황인데, 정종도 아들이 있어요. 혜종에게는 흥화군이라는 아들이 있다고 했죠? 정종도 경춘원군이라는 아들이 있습니다. 왕건의 훈요십조에 의거한다면 이 경춘원군은 결국 왕이 되지 못했으니까 불초한 인물이 되는 거죠.

최태성 그 불초라는 말은 결국 힘이 없다는 표현으로 보면 맞을 것 같아요. 힘이 없으면 왕이 될 수 없습니다.

류근 그러면 경춘원군은 불초한 인물이 아니라 불우한 인물이네요.

이윤석 여기서 또 생각해 봐야 할 것이 정종이 아파서 가장 이득을 본 자가 누구냐는 건데요. 왕위를 물려받은 동생 광종 아니겠습니까? 형인 정종도 이상하게 왕이 됐는데, 거기에 협력했었던 광종도 그러지 말라는 법은 없는 거 아니겠습니까?

신병주 강한 삼촌과 유약한 조카라는 조합이 또 나오는 거죠. 수양대군과 단종 같은 관계가 다시 한번 보입니다. 매우 닮았어요.

류근 원래 삼촌들이 조카들에게 용돈도 주고 놀아도 주는 존재인데, 왕실은 그게 아닌 모양이네요.

최원정 왕실에서는 삼촌을 조심해야겠어요.

최태성 제 조카를 떠올려 보면 저는 제 조카가 오를 왕 자리를 뺏을 마음이 안 들 것 같은데, 정말 역사는 달라요.

이윤석 그게 사탕을 뺏을 때와 왕 자리를 뺏을 때는 다른 거예요. 사탕은 안 뺏어 먹죠. 근데 어린 조카가 나라를 들고 있으면 달라지는 거죠.

신병주 아까 바둑은 혜종과 정종이 두었잖아요. 그런데 사실은 정종의 뒤에서 훈수를 둔 사람이 있었던 셈이죠. 바로 광종이 또 다른 상대였다는 겁니다.

이윤석 　보니까 정종은 광종이 짚어 주는 곳으로만 따라서 둔 것일 수도 있겠네요.

류근 　조선 시대에 일어난 왕자의 난도 실제로 배후에서 판을 움직인 것은 이방원이잖아요. 그런 것처럼 고려도 처음부터 광종이 모든 판을 짜 놓고 정종은 스쳐 가는 왕으로 세웠던 것이 아닐까 싶어요.

신병주 　정말 유사하죠. 고려의 정종은 스쳐 가는 왕이고 진짜는 광종인데, 조선의 정종도 잠깐 스쳐 가는 왕이고 진짜는 태종이었다는 구도가 그대로 이어지잖아요.

이윤석 　아까 왕규의 난도 그렇고, 지금 정종 얘기도 그렇고 뭔가 훗날 조선에서 일어날 일들을 예고하는 사건이 고려 시대에 많이 있어요. 이거 평행 이론이에요.

최태성 　제가 볼 때는 조선 왕들이 고려의 역사를 학습한 거 같아요. 너무 똑같습니다. 그러니까 조선 시대의 이방원이 광종을 벤치마킹한 것일 수도 있어요. 광종이 어떻게 그 자리까지 왔는지, 어떻게 왕권을 강화했는지를 공부하는 식으로 말이죠.

류근 　저도 고려의 역사를 좀 더 자세히 공부하고 싶은데, 상대적으로 자료가 많지 않다면서요?

이익주 　그렇습니다. 특히 고려 초기 기록이 없는 편입니다.

> † 왕이 의장(儀杖)을 갖추고, 불사리(佛舍利)를 받들고 걸어서 10리 떨어진 개국사에 이르러 봉안하였다. 또 곡식 7만 석을 여러 큰 사원에 바쳤다.
> ─『고려사』「세가」 정종 1년(946) 1월

정종 대 광종: 서로 다른 길을 선택한 형제

이윤석 　아까 혜종을 상대로 정종과 광종이 1대 2로 바둑을 뒀잖아요. 근

정종과 광종의 지지 세력 분포

데 정종과 광종이 대립하면서 애초에 두 사람 모두를 지지했던
세력들도 나눠지지 않았을까 하는 의문이 듭니다.

최태성 그러면 제가 정종과 광종의 지지 세력이 어떻게 변하는지를 다
시 한번 설명해 드리겠습니다. 두 사람의 외가인 충주, 누님 낙
랑공주가 있는 경주는 공통분모이니까 제외할게요. 우선 황주
는 광종의 처외가라고 했잖아요. 그러니 당연히 광종을 지지하
는 세력으로 바뀝니다. 그리고 평주의 박수문과 박수경이 있다
고 했잖아요. 그 박수경도 광종을 지지하는 세력으로 바뀝니다.
또 하나, 광종이 어렸을 때 태조 왕건의 또 다른 아내 신주원부
인 강씨의 양자로 들어간 적이 있습니다. 그러니 신주도 당연히
광종을 지지하겠죠. 이처럼 개경을 둘러싼 세력들이 광종을 지
지하는 세력들로 꽉 찬 모습을 확인할 수 있습니다.

이윤석 정치가 바둑보다 무서운 게, 바둑은 처음부터 끝까지 검은 돌이
나 흰 돌이 그대로잖아요. 그런데 정치에서는 수시로 색깔을 바
꿉니다.

신병주 지금도 세력에 따라 당적을 바꾸잖아요.

류근 그렇죠. 어제의 적이 오늘의 동지가 되고, 어제의 동지가 오늘의 적이 됩니다.

최원정 피도 눈물도 없어요. 한때는 같은 편이었는데, 호족들이 정종이 아닌 광종을 지지하게 된 특별한 계기가 또 있을까요? 어떻게 이렇게 갈리죠?

이익주 결정적인 것은 정종의 서경 천도 계획입니다. 이 서경 천도 계획은 서경 세력에 지나치게 의존한다는 취약점이 있습니다. 따라서 서경 세력 외의 대다수 호족이 반발하고, 정종을 견제하려는 심리가 나타나면서 광종이 지지를 받습니다. 그 결과 광종이 왕위에 오르지요.

류근 그러니까 지금 광종 편에 선 호족들은 서경 세력에 의지한 정종의 독자 노선에 반대한 세력들이었네요. 그러고 보면 정종과 광종은 고려 전체를 장악하고 지배한 왕이라기보다는, 아직은 자기를 지지하는 호족 세력의 대표 같은 느낌이 강한 것 같아요.

이윤석 정종이 자기 힘을 키울 때까지는 한쪽에 힘을 너무 실어 주지 말고 적당히 모두를 아울러 줬으면 어땠을까 하는 생각이 듭니다. 고려판 탕평을 했어야 해요.

최원정 그렇죠. 적당히 휘어지면서 세력 균형을 유지했어야 하는데, 그냥 똑 부러지고 말았어요.

신병주 고려의 정종과 조선의 정종이 정말 닮았다고 했잖아요. 왕으로 재위한 기간은 두 사람 다 매우 짧아요. 근데 조선의 정종은 동생 태종이 어떤 사람인지를 잘 알았던 것 같습니다. 왜냐하면 저 무서운 동생이 정몽주와 정도전, 방석 등을 죽이는 것을 다 봤거든요. 자기까지 어떻게 할지 모르겠다 싶으니까 동생에게 왕위를 깔끔하게 물려주고 격구와 사냥 같은 취미 생활을 하면서 여

정몽주 초상 정몽주의 죽음으로 고려는 사실상 멸망했다.

　　　　생을 보냅니다.

이윤석　태종이 광종을 벤치마킹했을 수도 있다는 얘기를 했는데, 제가
　　　　보기에는 이 조선의 정종이야말로 고려의 정종을 벤치마킹도 하
　　　　고 반면교사로 삼을 줄도 알았던 사람이 아니었나 해요. 잘못하
　　　　면 고려의 정종처럼 될까 봐 빨리 양보해야 한다는 교훈을 얻은
　　　　게 아닐까 합니다.

태조 왕건이 펼친 혼인 정책의 그늘

최원정 왕건은 후삼국을 통일하고 고려를 건국하기 위해 어쩔 수 없이 많은 아내를 얻었어요. 근데 왕건의 아들들에 얽힌 얘기를 들어 보니까 결국에는 그 많은 아내와 자식들이 불행의 씨앗이 된 것 같아요.

류근 어떤 정책이든 빛과 그림자가 있기 마련이죠. 당대에는 최선이라고 생각했던 정책이 나중에 부메랑이 되어서 돌아오는 사례가 참 허다하다는 말이죠. 태조 왕건이 혼인 정책을 통해 후삼국을 통일하는 데까지는 성공한 게 맞습니다. 근데 그 정책 때문에 나중에 호족들이 왕자들을 앞세워 권력 다툼을 벌이는 단초를 제공한다는 아이러니가 보이네요.

최원정 어떻게 보면 이 고려판 왕자의 난이 고려 개국 이래 첫 번째 위기라고 할 수 있겠죠?

이익주 고려는 건국 이후에 왕과 호족이 타협을 통해 안정되게 공존했고, 거기서 나온 힘으로 후삼국을 통일했습니다. 그런데 후계 문제를 둘러싸고 왕자의 난이 일어나면서 호족들이 정치의 전면에 등장해 정치가 혼란해집니다. 긴 이야기를 했습니다만, 혜종과 정종의 치세를 합쳐도 6년에 지나지 않습니다. 길게 보면 새로 만들어진 고려라는 왕조가 제자리를 찾아 나가기 위해 겪은 초기의 진통으로 이해해도 될 것 같습니다. 정종의 뒤를 이어 즉위하는 광종의 시대에는 본격적으로 나라를 만들어 가는 과정을 거치면서 안정을 찾습니다.

최원정 혜종과 정종에 이어 왕위에 오른 광종도 막강한 호족들의 영향력을 뼈에 사무치게 느꼈을 텐데요. 이 핏빛 경험이 광종에게 어떤 영향을 미쳤을지 궁금해집니다.

4

광종,
개혁의 칼을
뽑다

949년, 고려의 제4대 국왕 광종이 즉위했다. 이로써 943년에 태조의 죽음으로부터 시작된 왕자의 난이 마침내 끝났다. 광종은 25년 동안 재위하면서 신생 고려를 안정의 길로 이끌려고 노력했다. 유명한 노비안검법과 과거제 등이 광종 치세에 시행되었다. 하지만 안정은 절로 오지 않았다. 신라 말 이래 독립 세력을 이루고 있던 호족들, 그리고 이들을 왕권 아래에 충성스러운 신하로 만들고자 한 국왕의 마지막 혈전이 벌어졌다.

호족을 신하로 만들기 위한 노력은 태조 때부터 있었다. 후삼국을 통일한 직후인 943년, 태조는 지방 군현들의 이름과 영역을 재조정하고 지방 호족들에게 성씨를 내려 주었다. 우리나라 본관제의 시작이다. 호족들은 성씨를 받음으로써 국왕에게서 지방의 실력자라는 사실을 인정받았지만, 그와 동시에 그 성씨를 내려 준 국왕의 권위를 인정하게 되었다. 이렇게 해서 처음에는 호족으로서 대등했던 고려 왕실과 호족들의 관계가 점차 국왕과 신하의 상하 관계로 변해 갔다. 하지만 태조 사후에 전개된 왕위 계승전에서 호족들의 역할이 커지면서 왕권이 상대적으로 약화되는 것을 피할 수 없었다.

두 차례 왕자의 난을 거쳐 왕위에 오른 광종은 무엇보다도 왕권을 강화하고자 했다. 광종이 실시한 노비안검법은 억울하게 노비가 된 사람들을 조사해 양인으로 회복시키는 것이었지만, 실제로는 호족들을 무력화하려는 것이었다. 그 노비들이 호족의 노동력이자 군사력이었기 때문이다. 노비안검법의 실시만으로도 광종이 호족들을 상대로 승리를 거두었다고 할 수 있다. 하지만 주목할 점은 노비안검법이 실시된 시기다. 956년, 광종이 왕이 된 지 무려 7년이나 지난 뒤로, 오랜 준비를 거쳐 호족들에게 일격을 가한 것이었다.

광종의 두 번째 왕권 강화 수단은 과거제다. 시험을 치러 관리를 선발하는 과거제는 중국의 수와 당에서 시작된 탁월한 제도다. 개인의 배경보다 능력을 중시하는 생각이 밑바탕에 깔려 있기 때문이다. 골품제가 강력하게 유지되던 신라에서는 생각조차 할 수 없었지만, 골품제가 해체된 고려에서는 새로운 관리를 선발하는 방법으로 받아들일 만했다. 마침 중국 후주의 사신으로 온 쌍기에게서 과거제에 관한 정보를 얻었고, 958년 5월에 역사적인 제1회 과거가 실시되었다. 그런데 이것도 호족들을 억압하는 효과가 있었다. 이제 호족이라도 능력이 있어야 관리가 될 수 있었고, 과거를 통해 관리가 된 사람들은 국왕과의 군신 관계를 당연하게 받아들였기 때문이다.

노비안검법과 과거제는 그 정치적 목적과는 별도로 시대의 요구에 부응하는 측면이 있었다. 그러한 점에서 개혁의 의미를 갖는다. 하지만 그 정도로 왕권을 강화하는 것이 부족하다고 생각해서였을까? 광종은 왕위에 오른 지 15년이 되는 964년부터 호족들을 탄압하기 시작했다. 반대 세력은 물론이고, 자신을 지지하던 사람이라도 왕권을 강화하는 데 방해가 된다고 생각되면 가차 없이 죽였다. 그로부터 10년 넘게 광기 어린 정치가 계속되었다. 왕자의 난이 일어나는 와중에 삼촌들에게 왕위를 빼앗기고 겨우 목숨을 부지하던 혜종의 아들과 정종의 아들도 화를 면치 못했고, 광종의 아들마저도 불안에 떨어야 했다.

그래서 왕권은 강화되었을까? 아마 그랬을 것이다. 하지만 존경이 아닌 공포의 대가로 얻은 왕권 강화가 무슨 의미가 있을까? 실제로 광종 사후에는 그동안 공포 속에 숨죽이던 호족들이 들고 일어나 광종의 정치를 공공연히 부정하는 일이 벌어졌다. 정치는 다시 혼란에 빠졌고, 안정을 되찾기까지는 다시 한 세대를 기다려야 했다.

링컨과 케네디

역사저널 그날 시청 설명서

이광용   여러분, 평행 이론을 아십니까? 서로 다른 시대를 살아가는 두 사람의 운명이 같은 패턴으로 전개된다는, 즉 비슷한 삶을 살아간다는 건데요. 대표적으로 미국의 제16대 대통령 에이브러햄 링컨과 제35대 대통령 존 F. 케네디는 100년이라는 시간 차이를 두고 1860년과 1960년, 그러니까 60년도에 백악관에 입성했습니다. 또한 이 두 사람은 금요일에 암살을 당했다는 공통점도 있습니다. 소름 끼치지 않으십니까? 그런데 여러분, 고려와 조선에도 정말 똑같은 삶을 살아간 두 왕이 있습니다. 바로 고려의 광종과 조선의 태종입니다. 창업자의 아들이었다는 점, 장자가 아닌데도 피의 숙청을 통해 왕좌를 거머쥐었다는 점이 같습니다. 이뿐만이 아닙니다. 태종의 전대 왕이 누군지 아십니까?

이름	광종	태종
직위	고려 제4대 왕(재위 기간: 949~975년)	조선 제3대 왕(재위 기간: 1400~1418년)
가족 관계	태조 왕건의 넷째 아들	태조 이성계의 다섯째 아들
비고 사항	고려판 왕자의 난 후 즉위	제1, 2차 왕자의 난 후 즉위
선대왕	정종(定宗)	정종(定宗)

이해영   압니다. 앞부분에 나오는 왕이거든요. '태정태세문단세'이니까 정종이네요.

이광용   맞습니다. 그렇다면 고려 광종 바로 앞의 왕은 누구일까요?

이해영   설마? 정종인가요?

이광용   맞습니다. 심지어 한자까지 똑같습니다. 고려 광종과 조선 태종의 평행 이론에 주목해 주십시오!

광종, 노비를 해방하다

956년, 광종은 중대 발표를 한다.

"이 나라의 수십 만 백성이 억울하게 희생되어
크고 작은 호족의 노비가 된 것으로 알고 있소이다.
그들을 노비의 사슬에서 풀어 주고자 하니,
이른바 노비안검법이라는 것이올시다."

노비를 통해 이익을 취하던 호족 세력은
광종에게 반기를 들고 나선다.

"노비안검법이라는 것이 도대체 무엇입니까?
세상이 몽땅 노비들의 천국이 되었소이다!
이렇게는 아니 됩니다."

그러나 광종은 뜻을 굽히지 않는다.

"이 나라의 모든 노비는 관에 신고를 하라는구먼!
억울한 자는 모두 평민으로 되돌려 준다고 하네!"

노비안검법.
호족 세력과의 정면충돌이자,
고려 500년의 기틀을 다지는
개혁의 신호탄이었다.

개혁의 신호탄, 노비안검법

최원정 노비안검법, 학교 다닐 때 한 번쯤은 다 들어 보셨잖아요.

이해영 광종의 노비안검법은 학교 다닐 때 선생님들께서 빨간색으로 밑
       금 치면서 이건 분명히 시험에 나온다고 강조하셨던 게 기억이
       나요. 요즘도 강조하나요?

최태성 그럼요. 예나 지금이나 역사 시험문제에 조선은 세종이 나온다
       면 고려는 광종이 나오거든요. 광종이라고 하면 시험에 꼭 나오
       는 두 가지 키워드가 있어요.

이해영 당연히 노비안검법이 그중 하나겠네요.

최태성 그렇죠. 그리고 또 하나가 더 있는데, 뒤에 나옵니다. 이 두 가지,
       시험에 꼭 나옵니다.

신병주 고려 시대를 배경으로 한 드라마가 그렇게 많지 않아요. 그런데
       광종은 여러 번 조명이 됐죠. 그만큼 광종에게는 뭔가가 있다는
       겁니다.

류근   광종의 광 자가 빛 광(光) 자잖아요. 그런데 한 드라마에서는 발
       음이 같은 미칠 광(狂) 자를 활용해 광종이라는 인물을 중의적으
       로 해석하더라고요. 광종이 어떤 삶을 살았기에 이런 심상치 않
       은 해석이 나올 수 있는지 궁금해집니다.

최원정 노비안검법은 정확하게 어떤 의미를 담은 제도였죠?

이익주 안검(按檢)이라는 것은 살피고 조사한다는 뜻입니다.† 그 당시의
       노비 가운데는 원래 양인이었던 사람이 많았습니다. 그런데 호
       족들이 전쟁 포로가 된 양인을 자기의 노비로 삼거나 몰락한 양
       인을 돈을 주고 사서 노비로 삼습니다. 노비안검법은 이런 사람
       들을 조사해서 부당하게 노비가 된 사람들을 원래 신분인 양인
       으로 되돌린다는 법이죠.

이해영 억울하거나 부당하게 노비가 된 사람들을 대가 없이 풀어 준다

정책 이름	노비안검법	노예해방선언
이름	광종	링컨
시행 연도	956년	1863년
시행 목적	호족의 경제력과 군사력 약화 왕권 강화	인권 향상 북부 산업 지대 노동력 확보

니, 정말 획기적인데요.

류근　미국의 링컨이 노예해방선언을 했잖아요. 그런데 광종의 노비안검법이야말로 노예해방의 원조 아닙니까?

신병주　노비는 노예와 비슷한 하층 예속민이었으니까, 그 기준으로 본다면 거의 900년 이상 앞서서 시행한 거죠. 다만 목적은 다릅니다. 광종은 호족의 경제력이나 군사력을 약화해서 왕권을 강화하고자 하는 게 목적이고, 링컨은 인권을 향상하고 북부 산업 지대의 노동력을 확보한다는 게 목적이죠. 크게 보면 광종도 왕권 강화, 링컨도 정치 리더십 강화이니까 어느 정도 공통점도 있기는 합니다.

최태성　링컨의 노예해방에 미국 남부의 일부 지역에서 격렬하게 반대하잖아요. 마찬가지로 광종의 노비안검법도 시행 과정이 순탄치 않죠. 호족들이 가만히 있지 않습니다.

이해영　모든 노비가 대상이 아니라 억울한 사람들만 풀어 준다는데, 그렇게까지 반대할 이유가 있나요?

이익주　그 당시의 노비는 노동력을 제공할 뿐만 아니라, 사병이 될 수도 있습니다. 호족의 군사력이기도 한 것이죠. 따라서 노비를 해방한다는 것은 호족들이 가지고 있었던 군사력과 경제력을 약화한다는 의미입니다. 그래서 광종의 아내인 대목왕후 황보씨가 광종에게 호족들의 불만을 전달합니다.

류근　남편의 왕권이 강화되는 정책인데 오히려 적극적으로 앞장서서

채터누가 전투 미국의 노예해방을 둘러싼 문제는 결국 북부와 남부의 내전으로 이어졌다.

지지해 줘야 하는 거 아닌가요? 조선 시대 같으면 왕의 정책을
왕비가 대 놓고 반대하는 거는 있을 수 없는 일이잖아요.

신병주 　조선 시대에는 왕비가 정치에 관여하는 것을 기본적으로는 금지
했죠.

류근 　제가 알기로는 대목왕후의 외가가 당시에 유력한 호족 세력이었
잖아요. 그러니 그만큼 왕후의 정치적 입김이 강했다는 뜻으로
해석해야 하는 거 아닐까요?

최태성 　당시에 광종을 지지하는 세력들을 보면, 처외가인 황주 황보 가
문이 버티고 있고, 역시 강력한 호족 세력인 평주의 박수경이 있
습니다. 그다음에 광종의 정치적 고향이라고 할 수 있는 충주도
있고요. 이렇게 황주와 평주, 충주의 대단한 호족 집안들이 자기
들이 지지하는 인물을 왕으로 앉히려고 많이 노력했는데, 그 결
과 탄생한 왕이 광종이죠. 그렇기 때문에 황주와 평주, 충주의

호족 세력들이 광종이 즉위할 당시에 갖고 있던 힘은 엄청날 수밖에 없습니다.

이해영   대목왕후 황보씨도 황주 지역 호족 세력의 일원으로서 반대했다고 볼 수 있는 거죠? 즉위 초기에 호족 세력이 득세하는 상황인데, 아내가 자기 외가 쪽을 지지하면서 반대편에서 각을 세운 거잖아요. 광종이 외로웠을 것 같습니다.

> † 노비를 상세히 조사하고 살펴서 옳고 그름을 따져 밝혀내도록 명하였다. 주인을 배반하는 노비들이 이루 다 셀 수가 없을 정도였다. 이로 말미암아 상전을 능멸하는 풍조가 크게 일어나 사람들이 모두 탄식하고 원망하므로 왕비가 간절하게 간언하였으나, (왕이) 받아들이지 않았다.
> ─『고려사절요』 광종 7년(956)

고려를 고려하자: 족내혼

이익주   광종의 아내 이야기가 나왔습니다. 아내 이야기가 나온 김에 고려 시대의 특징을 하나 짚고 넘어가죠. 고려 시대의 왕들은 족내혼을 했다고 말씀드린 적이 있는데, 고려 시대의 왕 가운데 가장 먼저 족내혼을 한 왕이 누굴까요?

이해영   설마 광종인가요?

이익주   맞습니다. 광종에게는 두 사람의 아내가 있는데, 그중 한 사람이 대목왕후 황보씨입니다. 대목왕후 황보씨는 태조의 제4왕후인 신정왕후 황보씨의 딸입니다. 그러니까 광종과 대목왕후 황보씨는 이복 남매간이 되는 거죠. 그리고 광종의 또 다른 아내는 경화궁부인 임씨인데, 형 혜종의 딸입니다. 삼촌과 조카가 결혼한 것이죠.

최원정   삼촌이 조카와 결혼하고, 남매끼리 결혼하…… 복잡하네요. 조선에는 이런 일이 없었잖아요.

신병주   기본적으로 조선의 왕비들은 외부에서 간택합니다. 즉 공모제라

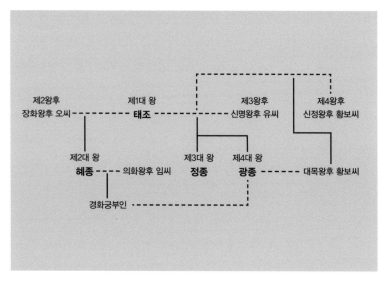

제2왕후
장화왕후 오씨 --------- 제1대 왕
태조 --------- 제3왕후
신명왕후 유씨 제4왕후
신정왕후 황보씨

제2대 왕
혜종 ---- 의화왕후 임씨 제3대 왕
정종 제4대 왕
광종 ----- 대목왕후 황보씨

경화궁부인 ---------

광종의 배우자들

고 할 수 있죠.

이익주 고려는 신라 다음의 왕조입니다. 따라서 신라 시대에 골품 내에
서 족내혼을 하던 전통이 고려 전기까지 그대로 이어졌던 겁니
다. 족내혼을 통해 왕실 혈통의 순수성을 지키고, 왕실의 권력과
경제력이 분산되는 것을 막고자 했던 것이죠.

최원정 왕실의 족내혼은 고려의 풍습이었다는 거군요. 그럼 본론으로
돌아와서 호족의 세력이 강했는데도 광종은 어떻게 반대를 무릅
쓰고 노비안검법을 추진할 수 있었을까요?

7년의 기다림: 노비안검법

이익주 광종은 아주 오랫동안 기다립니다. 광종이 재위한 기간이 26년
입니다. 총 26년 가운데 초기의 7년간은 호족의 세력을 인정하고
호족을 상대로 어떠한 정책도 취하지 않습니다.† 그러다가 광종
7년, 즉 956년에 노비안검법이라는 개혁을 시작한 것이죠.

이해영 초기의 시간이 혹독한 시집살이 느낌이었을 거 같아요. 귀 닫고 3년, 입 닫고 3년, 이런 식으로 계속 그 시간을 버티면서 마음을 다잡고 '언젠가 내가 때가 오면 일어날 것이다.'라고 생각하지 않았을까요?

신병주 그래서 드라마를 보면 광종이 즉위할 때 신하들에게 굽실거리며 절하는 장면이 있어요. 실제로 그러지는 않았겠지만, 호족들을 건드리지 않겠다며 저자세를 취하는 모습을 드라마적인 형식으로 표현한 거죠.

최태성 근데 광종의 개혁이 바로 초기의 7년 동안 설계된 게 아닐까 하는 생각이 듭니다. 『정관정요』¹라는 책을 늘 끼고 다니면서 많이 읽었다고 해요.⁺ 『정관정요』라는 책은 당 태종이 신하들과 정치에 관해 나눈 문답을 기록해 놓은 제왕학의 교과서입니다. 정치를 어떻게 해야 하는지 알려 주는 책인 거죠. 사실 당 태종도 형제들을 죽이는 패륜을 저지르면서 황제 자리에 오른 사람이거든요. 그런데도 정치를 잘했기 때문에 후세 사람들이 당 태종의 치세를 '정관의 치'라고 부르며 높여 줍니다.

이해영 광종이 『정관정요』를 통해 당 태종의 이야기를 읽으면서 '나도 당 태종처럼 후대에 길이 남는 왕이 되어야겠다.'라는 다짐을 했을 것 같아요.

류근 광종도 왕이고 사람인데 힘없는 왕으로 남고 싶지는 않았겠죠. 그러고 보니까 7년이라는 세월이 예사롭지 않게 들리지 않습니다. 매미도 날개를 달기 전에 7년 정도 애벌레 시절이 있다고 하잖아요. 광종이 호족들 틈바구니에서 7년간 와신상담하면서 칼을 간 거예요.

이익주 그렇게 열심히 갈아 뽑은 칼이 노비안검법입니다. 노비는 세금을 안 내고, 군대도 안 가죠. 국가로서는 그다지 도움이 되지 않

위징의 석상 『정관정요』에는 당 태종이 위징을 비롯한 신하들과 주고받은 문답이 기록되어 있다.

는 존재입니다. 그런데 이 노비들을 양인으로 만들면 군역도 확충할 수 있고, 세수도 늘릴 수 있죠. 따라서 노비안검법은 호족의 세력을 약화하고 왕권을 강화하며 국가 재정을 확충하는, 세가지 목적을 동시에 달성할 수 있는 정책이라고 할 수 있습니다.

최원정 호족의 경제력과 군사력을 잘라 내는 아주 절묘한 개혁안이네요. 그런데 광종이 뽑아 든 개혁의 칼이 노비안검법 하나만은 아니었을 거예요. 고려에는 또 다른 파란이 예고되고 있습니다.

> † 광종께서는 즉위한 해로부터 8년까지 정치와 교화가 청렴하고 공평하였으며, 형벌과 상이 법도에 어긋나지 않았습니다.
> ― 『고려사』 「최승로 열전」
>
> ‡ 큰 바람에 나무가 뿌리째 뽑히자 왕이 재앙을 물리치는 술법을 물었다. 사천감(司天監)에서 아뢰어 말하기를, "덕을 닦는 것만 한 것이 없습니다."라고 하자 이로부터 늘 『정관정요』를 읽었다.
> ― 『고려사』 「세가」 광종 1년(950) 1월

이광용이 만난 사람

이광용 오늘 저는 고려를 뒤흔든 파란의 중심에 있는 인물을 모시고 이야기를 나눠 볼까 합니다. 들어오시지요.

쌍기 니하오.

이광용 니하오? 중국 사람이신가요?

쌍기 나는 중국 후주에서 고려로 귀화한 쌍기요.

이광용 성함이 쌍기이시군요. 그런데 후주에서 고려까지는 어인 일로 오셨습니까?

쌍기 사절단을 따라왔는데, 몸이 아파 돌아가지 못하고 그냥 눌러앉아 귀화했소.

이광용 이제는 다 나으신 듯한데, 왜 중국으로 안 돌아가시고 눌러앉으신 겁니까?

쌍기 내 식견에 탄복하신 광종께서 여기에 남아서 고려의 발전에 도움이 되어 주었으면 어떻겠냐고 제안하시기에 내가 받아들였소.

이광용 제가 조사한 바에 따르면 귀화할 때 우리 고려 폐하께서 뭘 내리셨다고 하던데, 맞습니까?

쌍기 아주 큰 집을 내리셨소.

이광용 거기다가 벼슬도 주셨다면서요?

쌍기 요즘 보면 대통령비서실에서 연설문을 작성하는 비서관이 있지 않소? 그 자리랑 비슷한데, 한림학사라고 인문학적 소양이 필요한 아주 중요한 자리도 내게 제수하셨소.

이광용 그런데 벼슬도 주고, 심지어 고려 신하의 집을 뺏어 나눠 주는 바람에 호족들의 반발이 만만치가 않다고 합니다. 그 부분에 관해서는 어떻게 생각하시는지요?

쌍기 나는 고려의 발전에 보탬이 되려는 마음밖에 없소. 참, 곧 내 친척도 모두 고려로 올 예정이오.†

이광용 잠깐만요. 여러분, 속보가 도착했습니다. 충신 서필이 귀화인에게 주라며 자기 집을 바치겠다고 합니다. 이게 무슨 의도일까요?

이해영 다들 반발하는 와중에 앞장섰네요? 충신이니까 당연한 거 아닌가요?

류근 저는 순수한 재산 헌납처럼 보이지 않습니다. 반어법 같아요. "집 내놓을 테니 어디 가져가 봐!" 이런 의도가 숨어 있는 거 같아요.

이광용 역시 류근 시인님은 예리하십니다. 뒷이야기를 들어 보니 집을 귀화인에게 뺏길 바에야 미리 바치는 게 낫다며 항의를 아주 강력하게 한 것이라고 합니다.‡ 서필 같은 충신마저 정책에 반기를 들고 있는 상황에서 쌍기의 등장이 앞으로 또 어떤 파란으로 이어질지 귀추가 주목됩니다.

귀화인 쌍기는 누구?

최태성   혹시 외교 담판을 통해 강동 6주를 획득했던 사람, 학교 때 배운 기억이 나세요?

이해영   저 알아요. 서희 아닙니까?

최태성   맞습니다. 서필이 바로 그 서희의 아버지예요.

류근   부전자전이라고 하잖아요. 서희가 담판 능력을 아버지에게 물려받은 것 같아요. 그런데 도대체 쌍기가 어떤 인물이기에 광종이 그렇게 탐을 낸 거예요?

신병주   쌍기는 후주의 관리입니다. 중국은 당나라가 멸망하고 송나라가 들어설 때까지 오대십국의 혼란기를 겪는데, 후주는 오대의 마지막 왕조입니다. 후주의 세종이라는 황제가 황권을 강화하기 위해 개혁을 시행하는데, 이때 쌍기가 관리로서 참여합니다. 따라서 왕권을 강화하는 개혁의 방향이나 정치적 의미 등을 잘 아는 인물이었기 때문에 광종이 탐을 낸 거죠.

이해영   아까 쌍기가 몸이 안 좋아서 돌아가지 못했다고 얘기했던 거 같은데, 정확히 무슨 병에 걸렸었나요?

이익주 『고려사』에는 단순하게 "병으로 남았다."라고만 되어 있고,[†] 어떤 병인지는 전혀 기록되어 있지 않습니다. 그래서 쌍기가 의도적으로 남은 것이 아니냐는 이야기까지도 나오죠.

이해영 그렇군요. 그렇다면 진단이 딱 나옵니다. 병명이 나왔어요. 꾀병이네요. 꾀병. 뭔가 타이밍이 너무 절묘하잖아요. 마침 몸이 안 좋아서 고려에 남았는데, 광종의 눈에 들어 발탁된다는 게 너무 우연이 많이 겹치는 드라마 설정 같아요.

류근 좀 이해할 수 없는 게, 후주로 돌아가지 않고 고려에 남을 만큼 고려가 좋았을까요?

이해영 상상력을 보탠다면 광종이 미리 물밑 작업을 해서 스카우트해 온 인재일 수도 있지 않을까요? 왕권을 강화하려면 호족 세력과는 별개의 새로운 인재가 필요한데, 소문을 들어 보니 이웃 중국에 쌍기라는 사람이 재능이 있다고 하는 거예요. 그래서 고려로 오면 집도 주고, 벼슬도 주고, 결혼도 하게 해 준다고 제안한 거죠. 다 준다는 겁니다. 다만 외부적으로는 명분이 필요하니까 몸이 아파서 남았다고 입을 맞추고, 뭔가 딱 맞지 않나요?

최태성 아마도 쌍기로서는 자기 뜻을 펼칠 곳을 원했는데, 마침 광종이 자기를 원한다니까 서로 이해가 맞아떨어졌던 게 아니었을까 합니다.

최원정 당시에 호족과 신하들이 많이 반발했는데, 귀화인을 굳이 등용까지 해야 하는 이유가 있었을까요?

이익주 고려 초기에 관직에 있던 사람들을 보면 대체로 무장들이죠. 그러니까 문치를 담당할 수 있는 사람은 상당히 적었습니다. 게다가 신라 말처럼 당나라에 유학을 갔다가 돌아온 사람들도 이제는 거의 없어진 상황입니다. 더군다나 고려 초에는 국가의 여러 가지 제도를 만들면서 중국의 제도를 많이 받아들입니다. 그러다 보니까 중국 제도에 밝은 중국계 귀화인들의 가치가 대단히 높아진 거죠.

신병주 호족 세력을 억제하고 왕권을 강화하는 정책을 수행할 인물들을 등용하려고 하는데, 호족과 연결되어 있지 않은 인물을 찾다가 보니까 쌍기와 같은 중국인이 발탁된 거죠. 쌍기는 호족과 이해 관계가 없는 인물이잖아요. 그래서 쌍기에게 힘을 실어 주었던 거고요.

류근 충신이라던 서필마저 광종을 비난했지만, 지금의 시각으로 봤을 때는 해외 전문가를 영입한 거 아닙니까? 광종이야말로 열린 정치를 한, 바람직한 정치인이 아니었나 하는 생각을 해요. 그리고 쌍기가 귀화한 해가 956년이에요. 노비안검법도 956년에 개혁의 첫 칼을 들잖아요. 7년간에 걸친 긴 숙고 속에서 탄생한 개혁의 신호탄이 956년에 하나씩 하나씩 등장하는 모습들이 나타나고 있습니다.

최원정 지금도 보면 어떤 자리에 외국인을 영입한다는 게 쉬운 일이 아니잖아요.

신병주 광종의 인재 등용 폭이 아주 넓은 거죠.

---

† 쌍기는 후주 사람으로, 광종 7년(956)에 봉책사(封冊使) 설문우를 따라 (고려로) 왔다가 병 때문에 머무르게 되었다. 병이 낫자 불러 대면하니 왕의 뜻에 맞았다. 광종이 그의 재주를 아끼어 마침내 발탁하여 등용하였다.
—『고려사』, 「쌍기 열전」

우리 역사 최초의 과거 시험

"황제 폐하 납시오!"

958년, 전국의 수험생들이
개경으로 모여들었다.

"그동안 힘 있는 자들의 자식들만이
벼슬을 했고 영화를 누려 왔다.
허나 앞으로는 공부하는 자들만이 살 수 있고
그들만이 벼슬할 수 있는 나라가 될 것이다."

신분에 상관없이 시험을 통해
벼슬에 오를 수 있다는 광종의 선언.

광종의 혁신적인 인재 등용,
그것은 우리 역사 최초의 과거 시험이었다.

송대의 과거를 묘사한 명대의 그림 후주의 후신인 송에서는 과거제도가 더욱 발전했다.

최초의 과거를 시행하다

최태성 쌍기의 건의로 광종이 과거를 시행합니다. 고려 최초이자 한반도 역사 최초의 과거 시험이에요. 양인 이상이면 누구든지 볼 수 있는 시험입니다. 획기적이지 않습니까? 이 시험이 이제 1000년을 가는 거죠. 역사적인 순간인데, 첫 번째 장원급제자는 최섬이라는 인물입니다. 그리고 과거에 합격하면 합격증을 주거든요. 그걸 뭐라고 부르느냐면 홍패(紅牌)라고 합니다. 실제 크기가 2미터쯤 돼요. 잘 보시면 과거와 관련된 정보가 나오죠? 관직명과 성이 나오고, 수결을 한 시험관들 명단이 보입니다. 아쉽게도 최섬의 홍패는 남아 있지 않아요. 이 홍패는 1205년에 과거에 합격한 장양수라는 사람의 홍패입니다. 우리나라에서 왕과 관련된 가장 오래된 행정 문서이기 때문에 국보 제181호로 지정돼 있습니다.

신병주 고려 시대의 홍패는 오늘날 총 여섯 점이 남아 있습니다. 붉은 종이에 쓴 합격 증서여서 홍패라고 하는 거죠.

장양수 홍패

이해영 종이에 붉은 기가 있기는 하네요. 그럼 실제로 시험은 어떤 내용을 봤습니까?

이익주 기본적으로는 문장 실력, 그리고 유교 경전에 관한 이해, 이렇게 두 가지를 두고 시험을 봅니다. 첫 번째 과거에서는 시(詩), 부(賦), 송(頌)으로 세 가지 문장을 짓게 해서 사람을 뽑았는데, 여기에 시무책이라고 하는 것도 더해 같이 시험을 봤습니다.† 시무책은 "국가의 발전 방향에 관해 논하시오" 같은 식입니다. 국가의 중요하고 시급한 문제를 제시하고 수험생들에게 의견을 구하는 것이죠. 광종이 첫 번째 시험에 시무책을 포함하게 한 것은 아마도 자기와 개혁을 함께할 수 있는 사람을 널리 얻기 위한 것으로 해석됩니다.

신병주 과거 시험을 치르자고 건의한 쌍기 본인이 직접 과거 시험을 주관하는 지공거가 되어 주도적으로 나섭니다.‡

류근 근데 갑자기 의문이 드는 게, 고려에서는 과거제도가 없을 때 관료를 어떻게 등용했나요? 뭔가 다른 제도가 있었던 겁니까?

신병주 주로 귀족 자제들이 관리로 등용되는 게 일반적이었죠. 그런 의미에서 광종 때 시행된 과거제도는 능력 있는 인물이라면 누구나 시험에 응시해 관리가 될 수 있다는 점에서 아주 혁신적인 제도였습니다. 조선에서는 더 발전된 형태로 계승되고요. 958년에 처음으로 시행된 과거제도는 1894년에 갑오개혁으로 공식적으로 폐지되니까, 거의 1000년 가까이 우리 역사에 존속한 제도가 됩니다.

이익주 　과거는 고려가 멸망할 때까지 한 번도 거르지 않고 계속됩니다. 예컨대 몽골과 전쟁하면서 수도를 강화도로 옮긴 상황에서도 한 번도 거르지 않고 과거를 치렀다는 것이죠.

이해영 　개천에서 용 났다는 말이 이때부터 시작되지 않았나 싶어요.

최태성 　광종이라고 하면 딱 떠오르는 두 가지 키워드가 있다고 했잖아요. 첫 번째가 노비안검법이고, 두 번째가 과거제도인 거예요. 노비안검법이 경제적인 개혁이라면 과거는 정치적 개혁이라고 볼 수 있죠. 이 과거제를 통해 호족이 주도하는 칼의 시대에서 관료가 주도하는 붓의 시대로 넘어가는 모습을 볼 수 있습니다. 신분만 보는 게 아니라 실력도 보는 시대로 접어든 거죠. 그 획기적인 분기점에 바로 과거제도가 있습니다.

최원정 　문치 시대를 여는 역사적인 사건인 거네요.

류근 　만약에 그때 과거제를 시행하지 않고 지금까지 왔다고 한다면 지금도 관직과 기득권을 대물림하고 있을지도 모릅니다. 백성들에게 희망의 물길을 열어 줬다는 측면에서 높이 평가해 주고 싶어요.

> † 쌍기를 지공거(知貢擧)로 임명하고, 시, 부, 송과 시무책을 시험하여 진사를 뽑게 하였다. 쌍기의 의견을 채택하여 처음으로 과거를 시행하니, 이로부터 문풍(文風)이 비로소 흥성하였다.
> ─『고려사절요』 광종 9년(958) 5월

광종, 제국의 아침을 열다

신병주 노비안검법과 과거제도 말고도 광종의 개혁 정책은 계속 진행됩
니다. 960년에는 관복 제도를 정비해요. 물론 그 이전에도 관복
을 입었는데, 신라 관복을 입고 오는 사람도 있고, 왕보다도 화
려하고 비싼 옷을 입고 오는 사람도 있었거든요.

류근 한마디로 위계질서가 없었다는 얘기군요.

신병주 그래서 광종 때 관복 제도를 정합니다. 자색, 붉은색, 진홍색, 녹
색의 네 가지로 색깔을 달리해 공복을 정하고 등급에 따라 입게
한 거죠.† 관복을 정비했다는 것은 그만큼 광종 시대에 왕권이
강했음을 의미하는 것이기도 합니다.

최태성 정리해 보면 956년에 노비안검법 시행, 958년에 과거제도 시행,
960년에 관복 제정, 이런 식으로 2년마다 착착 하나씩 진행해 나
가고 있죠. 그뿐만 아니라 수도 개경을 황도로, 서경을 서도로
부릅니다. 황도는 황제의 도읍이라는 뜻이죠. 광종이 만천하에
자기를 황제로 칭한 셈입니다.

이해영 황제라는 호칭은 중국에서만 쓸 수 있는 거 아니었어요?

류근 그러게요. 불경죄에 걸리는 거 아니에요?

청주 용두사지 철당간 당간은 사찰에 설치된, 기를 거는 기둥이다. 이 당간은 광종 13년(962)에 만들어진 것으로, 이때 고려가 '준풍(峻豊)'이라는 독자적인 연호를 사용했음을 확인할 수 있다.

고려를 고려하자: 황제국 고려

이익주 고려는 조선과 정말 많은 점에서 다른 나라입니다. 고려는 대대로 중국의 왕조로부터 책봉을 받습니다. 그래서 중국의 왕조를 상대할 때는 왕이라고 했지만, 내부적으로는 황제국의 체제를 갖추었습니다. 이처럼 바깥으로는 왕이라고 하고 안에서는 황제라고 하는 것을 '외왕내제(外王內帝)'라고 하죠. 조선에서 왕을 전하로 부르고 다음 왕위에 오를 사람을 세자라고 하지 않습니까? 그런데 고려에서는 왕을 부를 때 폐하라고 하고 그다음 왕에 오를 사람은 태자로 부릅니다.

류근 광종을 다룬 드라마의 제목에 '제국'이라는 말이 괜히 들어간 게 아니었군요.

신병주 저는 시대 차이도 있으니까 고려보다는 조선이 시스템 면에서 앞선다고 보는데, 용어 면에서는 다릅니다. 고려가 황제국을 칭한 것에 비하면 조선은 격을 한 단계 낮추었죠.

이익주 고려는 스스로 황제국을 칭하고 그에 걸맞은 여러 가지 국가 체제를 갖추고 있었습니다. 하지만 조선 시대에 와서 『고려사』를 편찬할 때 조선 시대 관리들의 가치관에 의해 이런 부분이 많이 삭제되면서 오늘날의 우리가 황제국으로서 고려의 모습을 알지 못하게 되었습니다.

최원정 개혁을 통해 고려의 기틀을 다진 광종, 그런데 빛나던 그 치세에도 변화가 찾아옵니다.

박수경 일가의 몰락

964년, 고려 조정이 발칵 뒤집힌다.

"모두에게 형을 가하라!"

태조 왕건 이래 최고의 실력자였던
박수경의 세 아들이 참소를 당하면서
광종의 분노를 산 것이다.

"우리는 폐하를 황제로 만들어 드렸소이다.
그러나 폐하는 우리를 죽이려 하시는구려."

개혁에 장애가 된다고 생각하면
광종은 누구든 숙청했다.
결국 박수경 일가는 몰락하고 말았다.

왕족도 예외는 아니었다.
혜종과 정종의 아들인 조카들까지 처형당했다.
광종이 또 다른 칼을 뽑아 든 것이다.

광종, 숙청의 칼을 뽑다

최원정 광종이 이제 개혁의 칼이 아닌 숙청의 칼을 뽑아 들었습니다. 갑자기 이렇게 변하나요?

최태성 저 숙청의 칼을 들기 위해 노비안검법을 시행했다고 생각하지는 않으세요?

최원정 궁극적인 목표는 숙청이었군요.

류근 먼저 노비안검법으로 힘을 빼놓고 다음 단계로 넘어간 거예요.

최태성 그렇죠. 노비안검법을 시행하고 과거로 뽑은 신진 인사들을 앉혀 놓은 다음에 숙청의 칼을 휘두른 거죠.

신병주 처음에 고려의 광종과 조선의 태종 사이에 평행 이론이 적용된다고 이야기했는데, 광종이 수시로 칼을 뽑아드는 모습이 태종과 정말 비슷합니다.

이익주 박수경 일가의 몰락은 광종의 치세에서 매우 중요한 사건입니다. 광종이 즉위한 후 7년간이 기다리고 준비하는 시기였다면, 광종 7년부터 개혁의 시기가 시작되고, 광종 15년에 이르러 박수경을 처벌하면서 숙청의 시기로 들어갑니다. 박수경은 평산이 본거지인 사람으로 가장 강력한 군사력을 가지고 있었고, 태조 왕건에게 딸을 시집보낸 외척이기도 한데, 광종이 즉위할 때도 가장 강력한 지지 세력이었던 사람입니다. 그런데 이때 광종이 박수경의 세 아들을 처벌합니다. 기록에 의하면 박수경은 화병이 나서 세상을 떠났다고 되어 있습니다.[+] 말하자면 광종은 가장 강력한 세력인 동시에 자기의 강력한 후원 세력이었던 평주의 박수경 일가를 제거해 버린 것이죠.

류근 정말 긴박하게 돌아가네요. 근데 박수경 일가가 도대체 무슨 잘못을 했기에 광종이 이렇게 최측근을 숙청하는지 모르겠습니다.

이해영 최측근 세력이고 후원 세력인 사람들을 처벌할 정도의 참소라면 그 내용이 역모 정도는 되는 거겠죠?

최태성 참소의 내용은 기록에 없으니까 알 수는 없습니다. 박수경 집안이 몰락하기 전인 960년에 권신이라는 사람이 조정의 실세였던 왕동과 준홍이 역모에 가담했다고 참소하거든요. 이 시점부터 호족들에 대한 숙청 작업이 시작되어서 박수경 집안까지 이어집니다. 당시 모습을 후대 사람들이 보면 고발과 고소가 난무했던 그 시기예요. 노비들이 주인을 고발하고, 심지어는 자식이 아비를 고발할 지경이다 보니까 감옥이 모자라서 임시 감옥을 만들 정도였다고 합니다. 다시 말해 죄 없는 사람들도 당했던 처참한 시기였다고 기록되어 있어요. 피를 묻히는 시기가 도래한 거죠.

이해영 참소 만능주의의 시대였네요.

류근 빛나던 시기에서 이제 미치는 시대로 접어드는 거예요.

신병주 광종이 시행한 개혁 정치의 본질은 기본적으로 왕권 강화입니다. 그래서 자기가 왕위에 오르는 데 결정적인 도움을 주었던 호족이라고 하더라도 왕권 강화라는 목표 앞에서는 가장 강력한 적이 돼 버리는 거죠. 조선의 태종도 왕이 되는데 결정적인 도움을 줬던 처남들, 그러니까 원경왕후 민씨의 동생인 민무구와 민무질을 죽여 버려요. 어떻게 보면 정말 태종이 광종에 관해 많이 연구한 것 같아요.

최원정 그때도 참소를 활용해서 숙청한 거잖아요.

이해영 노비안검법부터 시작된 모든 개혁이 숙청을 위해 치밀하게 설계된 전 단계였다고 생각하니까 진짜 무섭네요. 호족 세력들이 실제로 역모를 꾀하거나 반기를 들려고 했을 수도 있죠. 하지만 무엇보다도 광종이 개혁에 걸림돌이 되는 호족들을 제거하려고 참소를 명분으로 삼았던 게 아닌가 하는 생각이 듭니다.

최태성 역모라는 정치적 명분이 필요했던 거죠.

최원정 이런 식으로 광종에게 명분이 생겨서 숙청이 진행되는 양상을 보면 뭔가 잘 짜인 시나리오 같네요.

이익주 역사 속에서는 우리가 상식적으로 이해할 수 없는 일이 많이 있습니다. 기록이 없어서 확인할 수 없는 경우도 많이 있고요. 광종의 숙청이 잘 짜인 시나리오가 아니냐는 음모론이 싹틀 수가 있는데, 물론 여러 가지로 상상할 수는 있습니다. 하지만 모르는 것은 모르는 것으로 남겨 두는 여유도 필요하다고 봅니다. 아무튼 광종의 숙청은 호족들에게만 미친 것이 아닙니다. 왕실 안에도 칼날이 미치는데, 광종의 두 형인 혜종과 정종의 하나뿐인 아들 두 사람을 광종이 모두 죽입니다. 그리고 광종이 말년에 가서는 자기 아들 왕주, 즉 훗날의 경종조차도 의심했다는 기록이 있습니다.[‡]

신병주 역시 고려판 이방원이군요.

최원정 그러네요. 광종도 정말 만만치 않네요.

류근 권력을 놓고 아버지와 아들이 반목하고 갈등하는 부분은 이제 너무 익숙해요. 정말 정치라는 건 참 비정한 것 같습니다. 그런데 도대체 광종은 왜 아들을 의심한 거예요?

이해영 대목왕후 황보씨가 광종 편을 안 들어 주고 반대편에서 각을 세웠잖아요. 왠지 아들도 엄마 따라서 그쪽 편을 들까 봐 경계한 것 아닐까요?

최태성 황주의 호족 세력들을 경계한 거죠. 워낙 힘이 센 호족들이니까, 이들이 경종을 앞세워서 왕권을 압박하고 도전해 올 수도 있다고 의심한 겁니다. 실제로 그랬을 수도 있고요.

최원정 그들을 먼저 죽이지 않으면 내가 죽는다는 식의 생존 투쟁 같은 느낌도 드네요.

신병주 고금을 통틀어 권력은 부자간에도 나눌 수 없다는 진리가 새삼

합천 해인사 존상도 조선 세조의 초상화로, 말년의 세조가 불교에 기울었음을 보여 준다.

떠오르죠. 광종의 공포 정치로 웬만한 사람은 다 걸립니다. 그래서 나중에 최승로가 광종을 평가한 기록을 보더라도 "그 당시에 형장에 끌려간 사람은 대부분 죄가 없었고, 오래된 공신과 장군들이었다. 그리고 이들이 거의 죽임을 당했다."라고 나옵니다. 이 공포 정치가 10년 가까이 지속되거든요. 그래서 광종을 소재로 한 드라마 제목에 미쳤다는 표현이 나오는 겁니다.

류근   개혁을 통해서 고려의 기틀을 마련한 것은 분명히 빛나는 업적이지만, 숙청하는 과정은 광기에 차 있다고 볼 여지가 충분한 것 같아요.

최태성   그렇죠. 근데 '이건 또 뭐지?' 싶은 부분이 나와요. 숙청을 진행하는 동시에 모든 사람의 넋을 위로하는 법회를 엽니다. 그리고 귀법사를 창건하기도 하고, 제위보[2]를 열어 질병을 치료하고 빈민을 구제하기도 합니다.

류근 그건 태종이 아니라 세조와 비슷하네요.

이익주 광종은 이런 선행을 통해 자기 죄를 씻으려고 했던 것 같습니다. 『고려사』의 기록에 따르면 어떤 때는 떡과 쌀 같은 식량에다 땔감을 사람들에게 나누어 주었는데, 그 줄이 너무 길어 사람 수를 셀 수가 없었다는 내용이 나옵니다. 또한 방생소를 설치해 동물을 방생하게 하고 불경을 강론하게 하며 살생을 금하게 하지요. 도살을 금지했기 때문에 "왕의 밥상에 오르는 고기마저도 시장에 가서 사 와야 할 지경이었다."라는 기록도 있습니다.

이해영 양심의 가책 같은 것을 느꼈나 봅니다.

류근 그만큼 광종은 호족이 두려웠다는 뜻일 수도 있을 것 같아요. 눈앞에서 형들이, 혜종과 정종이 힘없이 무너지는 모습을 봤잖아요. 그래서 더 강력한 왕권의 필요성을 자각했던 것 같고 개혁과 숙청이라는 양날의 칼을 휘둘렀을 수밖에 없지 않았나 싶어요.

† 광종 15년(964)에 아들 좌승 박승위·박승경, 대상(大相) 박승례 등이 참소를 받아 하옥되자, 박수경은 걱정하고 노여워하다가 죽었다.
—『고려사』「박수경 열전」

‡ 혜종께서 형제의 (우애를) 온전히 이루시고, 정종께서 나라를 잘 보존하셨으니, 그 은혜와 의리를 논한다면, 가히 중하다고 말할 수 있습니다. 두 임금께서는 다 오직 외아들만 두셨는데, 그들의 생명을 보존해 주지 못하였으니, 원한을 깊이 맺게 한 것입니다. 또 말년에 이르러서는 자기의 외아들에까지 의혹과 시기를 품으셨습니다. 그러므로 경종께서 태자로 계시면서 늘 편안하고 행복하지 못하다가 왕위를 계승하게 되셨습니다.
—『고려사』「최승로 열전」

도쿠가와 쓰나요시 일본 에도 막부의 제5대 쇼군으로, 살생 금지령을 내려 원성을 샀다.

고려 광종과 조선 태종의 평행 이론

최원정 처음에 고려의 광종의 삶과 조선의 태종의 삶이 평행 이론이라
고 얘기했잖아요. 좀 억지스럽다고 생각했는데 들으면 들을수록
그 얘기가 귓가에 맴도는 게 정말 신기합니다.

신병주 공통점을 다시 한번 정리해 보면 아버지가 나라를 창업한 사람
이라는 점, 왕위에 오르는 과정에서 형이 먼저 왕이 되었다는
점, 창업의 시대에서 수성의 시대로 가는 길목에서 500년 왕조의
기틀을 마련했다는 점, 숙청을 했다는 점 등을 들 수 있습니다.

최태성 다른 점도 있죠. 광종의 아들은 경종이지만 태종의 아들은 세종
이잖아요. 광종과 태종이 손에 피를 묻혀 가면서 안정된 나라를

하남 교산동 마애약사여래좌상 광종의 아들인 고려 경종 2년(977)에 만들어진 불상으로, "황제의 만세를 기원한다"라는 글이 새겨져 있다.

구축하기 위해 많이 노력했고, 그 결과물을 아들에게 넘겨줬잖아요. 그런데 세종은 찬란한 조선 전기의 치세를 만들어 낸 반면에 경종은 세종만큼 하지 못했다는 차이점이 있죠.

신병주 경종 대, 그리고 경종의 바로 뒤를 잇는 성종 대에는 개혁이 연이어서 후퇴하는 모습도 보입니다. 대표적으로 경종은 왕위를 이어 받은 후에 광종 때 숙청을 당한 사람의 가족들이 복수를 할 수 있는 법을 만들죠. 억울한 죽음을 확실하게 법적으로 해결해 주겠다는 겁니다. 그리고 성종은 노비안검법을 통해 해방된 노비를 다시 조사해서 양인이 된 노비가 다시 노비로 돌아가는 일이 벌어집니다.

류근 기득권 세력들이 정말 무섭네요. 그들을 개혁의 동반자로 삼지 않는 한 결국에는 이렇게 되돌려지고 마는 것 같아요.

이익주 광종이 즐겨 읽었다는 『정관정요』에 "창업이(創業易) 수성난(守城難)"이라는 말이 있습니다. 창업은 쉽고 수성은 어렵다는 말이죠. 고려도 그렇고 조선도 그렇고, 태조의 창업보다 뒤이어 등장하는 왕들의 수성이 그만큼 어려웠을 겁니다. 결과적으로 볼 때 광종과 태종 모두 수성의 짐을 지면서 어렵게 나라의 기틀을 잡은 왕이라고 결론을 내릴 수 있겠죠.

최원정 "창업이 수성난", 멋진 말이네요. 근데 이 말이 적용되는 게 어디 나라를 세우는 일뿐이겠어요? 세상 모든 일이 다 그렇다는 생각이 듭니다.

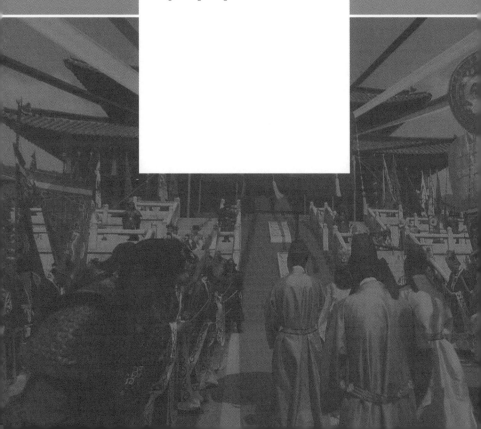

5

천추태후,
위험한 사랑에
빠지다

광종 때 극단적인 방법으로 추진되었던 왕권 강화책은 경종 때 호족들의 반발을 초래했다가 제6대 왕 성종 때에 이르러 효과가 나타나기 시작했다. 성종은 호족들과의 타협을 통해 안정적으로 왕권을 강화해 나갔다. 중앙에는 3성 6부제를 기본으로 하는 정치제도가 들어섰고, 지방에는 고려 최초로 지방관이 파견되기 시작했다. 국가의 모든 제도를 정비했으며, 그런 의미에서 성종(成宗)이라는 묘호가 전혀 손색이 없었다. 이러한 국가 정비의 바탕에는 신라 말부터 중국에서 들어온 유교 정치 이념이 자리하고 있었다.

성종은 유교 국가를 만들고자 했다. 그런데 그 걸림돌이 아주 가까운 곳에 있었으니, 바로 두 누이였다. 성종은 태조의 손자로, 아버지는 대종 왕욱이었다. 왕욱의 두 딸이 경종과 결혼하여 왕비가 되었는데, 헌애왕후 황보씨와 헌정왕후 황보씨가 그들이다. 경종 또한 태조의 손자이니, 이 혼인은 사촌 간의 근친혼이 되는 셈이다. 고려 왕실의 근친혼은 전혀 이상한 일이 아니어서 국초에는 다반사였고, 고려 후기까지도 공주가 종친 아닌 남자와 혼인하는 일이 오히려 없었다. 헌애왕후와 헌정왕후는 종실의 여자였으므로 왕씨라고 해야 할 것이나, 이럴 경우 어머니의 성 또는 할머니의 성을 따르는 예에 따라 황보씨라고 한 것이다. 어쨌든 왕실 근친혼은 고려 초의 풍속이었으므로 이것이 유교 국가를 지향한 성종의 심기를 거스르지는 않았다.

문제는 경종 사후, 성종이 즉위한 뒤에 발생했다. 선왕의 왕비였던 헌애왕후가 김치양이라는 외간 남자와 사랑에 빠졌던 것이다. 성종은 크게 노하여 김치양을 먼 곳으로 유배 보냈다. 그런데 이번에는 또 다른 누이 헌정왕후가 추문을 일으켰다. 게다가 상대는 남매의 숙부인 안종 왕욱이었다. 헌정왕후는 안종의 아들을 낳고 죽었고, 성종은 숙부를 멀리 사주(지금의 경남 사천)로 유배 보내는 것으로 불륜을 근절하려는 의지를 보였다. 하지만 그것은 어디까지나 유교적 기준에서 볼 때 불륜이었을 뿐, 당시 사람들은 두 여인의 행실을 그다지 비난하지 않았다.

성종이 죽고 선왕인 경종의 아들이 왕위를 이었다. 제7대 왕 목종으로, 경종과 헌애왕후 사이에서 태어난 아들이었다. 목종 즉위와 함께 헌애왕후는 태후가 되어 섭정을 시작했고, 이때부터 천추태후라고 불리기 시작했다. 천추태후는 곧 김치양을 불러들였고, 둘 사이에서 아들이 태어났다. 마침 목종에게는 후사를 이을 자녀가 없었을 뿐 아니라 후사가 생길 가능성도 없어 보였다. 목종은 남색을 하는 동성애자였던 것이다. 천추태후와 김치양은 자기들이 낳은 아들을 왕위에 올리기 위한 공작을 벌였다. 유일한 경쟁자는 헌정왕후와 숙부 왕욱의 불륜으로 태어난 대량원군이었다. 대량원군을 제거하면 자기들의 뜻을 이룰 수 있다고 믿었다.

김치양의 아들이 왕이 될 수 있었을까? 후계자가 될 다른 왕씨가 없다면 아마 가능했을 것이다. 고려에서는 아들이 없으면 딸이 세대를 이어 갈 수 있었다. 고려 왕실만 해도 왕건의 증조부가 아니라 증조모를 거쳐 가계가 이어졌다. 천추태후는 실은 왕씨였으니, 태조에서 대종 왕욱과 천추태후를 거쳐 김치양의 아들로 이어지는 계보가 만들어질 수 있었던 것이다. 다만 이는 다른 왕씨가 없을 때만 그랬을 것이니, 천추태후가 대량원군을 그토록 집요하게 죽이려 한 사정이 이해가 된다.

근친혼과 불륜, 태후의 정치 참여, 경쟁자 살해 모의 등 천추태후는 조선의 유학자들이 싫어할 요소를 너무도 많이 가지고 있다. 그래서 후대에 부정적으로만 평가되었지만, 천추태후는 조선 사람이 이해하지 못한 고려의 본래 모습을 담고 있는 '고려 사람'이었고, 그 점에서 달리 평가할 여지가 있다. 우리는 고려(高麗)를 고려(考慮)해야 한다.

천추태후, 위험한 사랑에 빠지다

나는 고려 최초로 섭정을 한 천추태후다.

어린 나이에 여동생과 함께
경종에게 시집가 왕후가 되었다.
그리고 왕실에서 유일하게 태자를 낳았다.

하지만 그 기쁨은 오래가지 못했다.

1년 후 임금께서 승하하시고,
나이 열여덟에 나는 혼자가 되었다.
원자가 아직 어려 친오빠가 대신 왕위에 올랐다.

그 후 나는 아이와 떨어져 지냈고
외로운 날이 계속됐다.

그러던 어느 날, 운명처럼 다가온 사랑.
김치양, 그를 만났다.

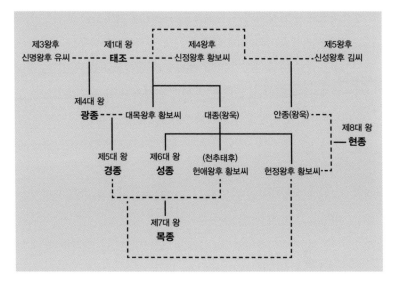

제3왕후 신명왕후 유씨 · · · · 제1대 왕 태조 · · · · 제4왕후 신정왕후 황보씨 제5왕후 신성왕후 김씨

제4대 왕 광종 · · · · 대목왕후 황보씨 대종(왕욱) 안종(왕욱) · · · · 제8대 왕 현종

제5대 왕 경종 제6대 왕 성종 (천추태후) 헌애왕후 황보씨 헌정왕후 황보씨 · ·

제7대 왕 목종

천추태후의 가계도

천추태후는 누구인가?

최원정 고려 역사에 여성으로서 족적을 남긴 천추태후에 관해서 얘기 나눠 보겠습니다.

최태성 천추태후는 교과서에는 등장하지 않는 인물이에요.

최원정 맞아요. 한 줄도 언급이 안 됐어요. 요즘은 익숙한 이름인데 말이죠.

최태성 교과서에서는 태조 왕건 다음에 광종과 성종으로 바로 넘어가거든요.

신병주 천추태후는 드라마로 유명해지기 전까지는 웬만큼 역사를 아는 사람조차도 잘 몰랐던 인물입니다. 제5대 왕 경종에게는 아내가 되고, 제6대 왕 성종에게는 동생이 되고, 제7대 왕 목종에게는 어머니가 되고, 제8대 왕 현종에게는 이모가 되는 인물이에요. 천추태후를 거치지 않고는 고려 시대의 왕 네 명을 제대로 이야기할 수 없습니다.

최태성 복잡해서 헷갈리기 쉬우니까 천추태후의 가계도를 보면서 설명
해 드리겠습니다. 천추태후는 태조 왕건의 제4왕후인 신정왕후
황보씨의 손녀예요. 그런데 부모님을 일찍 여의고 어릴 때 할머
니 손에 키워지죠. 결국은 결혼도 신정왕후 황보씨 주선으로 합
니다. 동생과 함께 경종에게 시집을 가죠. 그리고 경종의 아내
중에서 유일하게 아들을 낳은 사람이 바로 천추태후가 되는 겁
니다.

이윤석 그런데 천추태후가 아니라 헌애왕후 황보씨로 표기한 곳도 있더
라고요. 도대체 뭐가 맞는 걸까요?

신병주 경종의 아내였을 때의 명칭은 헌애왕후입니다. 그리고 왕의 어
머니로서 거처한 곳이 천추궁입니다. 고려 시대에는 왕의 어머
니를 태후라고 했거든요. 조선 시대의 대비에 상응하는 말이죠.
그래서 천추궁에 사는 태후라 해서 천추태후입니다.†

류근 고려 왕실은 족내혼을 하잖아요. 그런데 족내혼을 하면 부부가
다 왕씨여야 하는 거 아닙니까? 천추태후는 왜 왕씨가 아니라 황
보씨인 건가요?

이익주 고려 왕실이 족내혼을 한다는 이야기는 여러 번 나왔습니다. 족
내혼을 하면 부모가 모두 왕씨가 되죠. 이럴 경우에 딸은 외가
쪽의 성씨를 쓰게 합니다. 그래서 천추태후는 할머니의 성을 따
라 황보씨가 된 것이죠.

† 목종의 나이가 이미 18세였으나 태후가 섭정하며 천추전(千秋殿)에 거처하므
로 세상에서 천추태후로 불렀다.
— 『고려사』 「경종 후비 헌애왕태후 황보씨 열전」

고려판 주홍 글자?: 천추태후와 김치양

신병주 당연한 이야기이지만, 천추태후는 조선 시대에 부정적인 평가를

동주의 위치

받습니다. 특히 조선 후기 역사가인 안정복[1]은 『동사강목』[2]에서
천추태후를 신랄하게 비판하고 맹비난해요. "지어미로서 음탕
한 행동이 있거나 신하로서 반역하는 뜻이 있다면 이것은 천리
를 어지럽히는 행위이기 때문에 반드시 죽여야 할 것이다."

류근   천추태후가 만났다던 바로 그 남자, 김치양과의 관계 때문에 그
런 평가가 내려진 건가요?

최원정   근데 천추태후는 남편과 사별하고 나서 김치양을 만났잖아요.
문제가 안 되지 않나요? 고려 시대에는 여성의 재혼이 허용됐다
면서요?

이윤석   김치양이 유부남이라면 문제가 될 수도 있죠.

이익주   기록에 의하면 김치양이 천추태후에게 접근할 때의 신분이 승려
였던 것으로 나옵니다. 그걸 보면 유부남은 아니겠죠. 그리고 김
치양의 집안을 조사해 보면 동주 사람으로 나옵니다. 동주는 지
금의 황해도 서흥인데, 두 딸을 왕건과 결혼시킨 김행파가 바로
동주의 호족이지요. 김치양도 같은 동주의 김씨이기 때문에 김

행파와 한집안일 것으로 봅니다. 천추태후의 외족이라는 기록도 있고요.

최태성   천추태후에 관한 기록도 안 좋았지만, 김치양에 관한 기록도 안 좋아요. "그 성격이 간교하고, 정력이 몹시 강했다."라고 나와 있어요.[†]

이윤석   그래도 일단은 천추태후가 불륜이나 간통을 저질렀다고 할 수는 없을 것 같은데, 후대에 그렇게 비난받을 만한 이유가 있을까요?

최원정   천추태후와 김치양, 이 두 사람의 관계에 아주 분노하는 한 사람이 있습니다. 누굴까요?

[†] 지어미로서 음탕한 행동이 있거나 신하로서 반역하는 뜻이 있다면 이는 강상(綱常)을 무너뜨리고 천리(天理)를 어지럽히므로 반드시 죽여야 할 적인 것이다. 황보씨가 김치양과 간통하고서 (⋯⋯) 어찌 태후의 호(號)를 가질 것인가?
— 『동사강목』 현종 20년(1029)

[‡] 김치양은 동주(洞州) 사람으로 천추태후 황보씨의 외족이다. 성격이 간교하고, 음경은 수레바퀴를 능히 걸 수 있을 정도였다. 일찍이 거짓으로 중 행세를 하면서 천추궁에 출입하여 자못 추한 소문을 일으키니, 성종이 이를 알고 곤장으로 다스려 먼 곳으로 유배 보내었다.
— 『고려사』 「김치양 열전」

내 여동생의 남자친구 김치양

나는 고려의 제6대 왕, 성종이다.

요즘 궁궐에 김치양이라는 승려가
한 여인과 사통한다는 소문이 돌고 있다.

그런데 그 여인이 다름 아닌 내 동생,
헌애왕후라고 한다.

　　"사실입니다, 폐하.
　　그를 제 정인으로 여기고 있습니다."

　　"네가 드디어 정신이 나갔구나.
　　선왕의 아내가 부끄러움도 모르고!"

곧바로 김치양이라는 자를 붙잡아 처벌하고
다시는 여동생과 만날 수 없도록
먼 곳으로 유배를 보냈다.

동생이 아무리 슬퍼하더라도
어쩔 수 없는 일이다.

천추태후의 오빠 성종, 김치양을 쫓아내다

최원정   천추태후의 정인 김치양을 오빠 성종이 유배를 보내 버렸네요.

최태성   정확하게는 성종이 장형을 가하고 유배를 보냈다고 기록에 나옵니다. 근데 천추태후 처지에서 보면 좀 안됐다는 생각도 들어요. 10대에 시집을 와서 열일곱 살에 아이를 낳고 열여덟 살에 남편을 잃었잖아요. 게다가 낳은 아이도 자주 볼 수 없었다고 합니다. 얼마나 외로웠을까요?

최원정   아이는 어째서 못 보나요?

신병주   성종이 궁궐로 데려갑니다. 선왕의 아들이고 당시로서는 왕위 계승 서열 1위인 원자이니까 궁궐에 둔 거죠. 원래 경종이 사망한 후에 경종의 아내들은 다 사가로 쫓겨납니다. 그나마 천추태후는 아들을 낳은 공을 인정받아 궁에서 조금 떨어진 천추궁에서 어느 정도는 격을 갖추고 살게 했죠. 하지만 결과적으로 천추궁에 있는 천추태후는 궁궐에 있는 아들과 떨어져서 상당히 괴로웠을 겁니다.

고려에서 여성으로 산다는 것

최원정   그런데 이 시절에는 왕과의 결혼이 재혼인 사람도 있었다면서요? 조선 시대에는 절대 안 되는 일이잖아요.

최태성   그렇죠. 있을 수 없는 일이죠. 근데 고려 시대에는 사회적 분위기가 조선 시대보다 개방적이었던 것 같아요. 예를 들면 충숙왕의 후궁 수비 권씨는 한 번 결혼했다가 이혼하고 나서 충숙왕과 결혼했습니다. 성종의 아내 문덕왕후 유씨도 성종과의 결혼이 재혼이고요.

류근   어떻게 이런 일이 있을 수 있었을까요? 영국 왕실을 봐도 에드워드 8세는 이혼 경력이 있는 심프슨 부인과 결혼하려고 왕위를

에드워드 8세와 심프슨 부인

　　　포기해 윈저 공이 되잖아요. 근대에도 안 되는 일이었어요.

이윤석　왕과 재혼할 정도면 고려에서는 이혼이 큰 흠이 아니었다는 거
　　　네요.

이익주　고려라는 점을 고려할 필요가 있습니다. 여성의 이혼과 재혼이

라는 문제는 여성의 지위와 밀접하게 관계가 있지요. 재산상속 문제부터가 조선과는 다릅니다. 고려에서 부모가 사망하면 재산이 어떻게 상속될 거라고 생각하십니까? 물론 사정에 따라 다르겠습니다만, 원칙은 "자녀를 구별하지 않고 똑같이 나누어 준다."입니다. 재산을 똑같이 나누어 준다는 것은 자녀들에게 부모에 대한 의무도 똑같이 요구하는 것이고요. 예를 들어 제사는 조선 시대처럼 장남이 지내는 것이 아니라 자녀들이 돌아가면서 지냅니다. 그리고 부모가 살아 있을 때 봉양하는 의무도 장남에게만 있는 것이 아니라 모든 자녀에게 똑같이 있습니다.

류근 　조선 시대에는 무조건 장자에게만 상속했나요?

신병주 　조선 전기까지는 그렇지 않았습니다. 그러다가 조선 후기에는 확실하게 장자상속이 되지요. 그래서 『흥부전』[3]을 보면 형제인데도 놀부는 장남이라서 잘살고, 흥부는 지지리도 못살죠. 고려 시대에는 그런 경우가 없습니다.

이익주 　고려 시대에는 딸과 아들의 차이가 없었다는 얘기죠. 그래서 딸이 상속받은 재산은 시집을 가더라도 계속 그 딸의 재산으로 남아 있습니다. 재산을 소유하고 있기 때문에 이혼과 재혼을 자유롭게 할 수 있었죠.

최태성 　성종 본인도 전남편과 사별한 문덕왕후 유씨와 결혼했거든요. 그런데 자기 동생의 정인 김치양은 장을 때려 유배를 보냈어요. 사별한 건 마찬가지인데, 천추태후로서는 억울했을 것 같아요.

이윤석 　그럴 수 있죠. 왕실에서 유일하게 원자를 낳은 몸이고, 내 아들이 조금만 나이를 더 먹었어도 지금 오빠가 앉은 자리에 대신 앉아 있을 텐데, 연애까지 못 하게 하잖아요. 외로운데 말이죠. 얄밉지 않았을까요? 상당히 안타깝기는 한데, 그래도 오빠 입장에서 생각해 보면 걱정되었을 거예요. 승려 행색을 하고 출입하는 김치양이 그렇게 높은 신분은 아니었던 것 같거든요. 그래서 헤어지게 한 것이 아니었을까 합니다.

이익주 김치양의 신분에 하자가 있었던 것은 분명합니다. 게다가 왕실의 남자가 아니라 왕실의 여자를 기준으로 해서 보면 족내혼은 더욱더 엄격하게 시행됩니다. 고려 시대의 기록에는 왕실 여자들의 혼인 사례가 모두 쉰네 건이 남아 있는데, 그 가운데 마흔일곱 건이 족내혼입니다. 그 정도로 왕실 여자의 족내혼 전통이 강했는데, 김치양이라는 사람이 왕실에서도 존귀한 신분인 황보씨에게 접근하는 것이 허용되었을까요? 이렇게 생각해 보면 성종이 말리는 것도 이해가 되죠.

최원정 그렇죠. 그런데 이때 또 다른 위험한 사랑이 고려 왕실을 뒤흔듭니다.

헌정왕후의 불륜

요즘 내 관심사는 유학을 바탕으로 삼아
나라를 바로 세우는 일이다.

그런데 또 다른 여동생 헌정왕후가
숙부 왕욱과 추한 소문에 휩싸였다.

게다가 이미 만삭의 몸!
어쩌자고 임신까지 했다는 말인가!

선왕의 아내와 부적절한 관계를 맺다니
아무리 숙부라지만 좌시할 수 없다.

나는 숙부 왕욱을 멀리 사수현으로
유배를 보내 버렸다.

숙부를 배웅하고 돌아오던 여동생은
갑자기 산기를 느끼고 아이를 낳았지만,
바로 숨을 거두고 말았다.

동생의 안타까운 죽음.
이 일을 어쩌면 좋다는 말인가!

헌정왕후, 숙부와 사랑에 빠지다

최원정 천추태후의 여동생 헌정왕후 황보씨가 아이를 낳고 죽었습니다. 그런데 이 아이가 작은아버지의 아이예요.

류근 헌정왕후라고 하면 천추태후와 같이 경종에게 시집갔던 친동생을 말하는 건가요?

최태성 맞습니다. 그리고 숙부 왕욱은 태조 왕건의 제5왕후 신성왕후 김씨의 아들이에요. 궁 밖으로 나와 사는 조카 헌정왕후를 위로한다고 왔다 갔다 하다가 정이 들어 둘 사이에 아이를 낳게 되죠. 두 여동생이 연이어 사건을 일으키니까 성종이 난감해했겠다는 생각이 듭니다.

신병주 성종으로서는 상당히 부담스럽죠. 여동생들이기도 하지만, 선왕의 아내들이기도 하잖아요. 『고려사』를 보면 왕욱과 헌정왕후의 사랑이 발각되었을 때의 기록이 나옵니다. 헌정왕후가 왕욱의 집에 가서 머물고 있을 때 집안사람이 마당에 땔감을 쌓아 놓고 불을 질러요. 치솟은 불길을 본 성종이 상황을 알아보려고 사람을 보내고요. 그래서 결국은 두 사람의 관계가 발각되고 왕욱은 유배를 가게 됩니다.[†]

류근 스캔들이 터졌을 때 불이 나는 장면, 뭔가 좀 떠오르지 않습니까? 언젠가 본 적이 있잖아요. 김유신의 고사에서 말이죠. 김유신의 동생 문희가 김춘추와 정을 통해 아이가 생기니까 김유신이 장작불을 때워 놓고 동생을 죽이려고 하잖아요. 그때 불이 난 걸 본 선덕여왕이 와서 내막을 듣고 김춘추와 문희를 결혼시키고요. 그 이야기처럼 정치 공작의 냄새가 납니다.

이익주 말씀하신 대로 왕욱과 헌정왕후의 이야기가 김춘추와 문희의 이야기와 유사하죠. 비슷한 설화가 하나 더 있습니다. 헌정왕후가 꿈을 꿨는데, 개경 근처에 있는 곡령이라는 고개에 올라가 소변

경주 남산 남산에 오르던 선덕여왕은 김유신의 집에 불길이 치솟는 것을 보고 김춘추에게 명해 문희를 구하게 한다.

을 보았더니 오줌이 온 나라에 넘쳐서 은빛 바다가 되었다는 겁니다.[‡] 그런데 비슷한 이야기가 김유신의 두 여동생 보희와 문희 사이에 꿈을 사고팔 때 나오죠. 따라서 왕욱과 헌정왕후의 이야기는 그 이전에 있었던 이야기를 끌어온 것입니다. 불을 질렀다는 부분만 따로 떼서 해석한다면 성종에게 둘 사이를 알리기 위해 불을 냈는데, 결과가 다르게 나온 거죠.

류근 혹 떼려다가 혹 붙인 격이 됐네요. 왕욱과 헌정왕후가 역사 공부를 많이 한 거예요. 그런데 결과가 잘못된 겁니다. 공부를 열심히 해서 화를 입은 경우네요.

최태성 김유신을 따라 해 봤는데 잘 안 됐네요.

최원정 태몽도 비슷하게 만들어 냈는데 말이죠.

† 안종의 집이 왕후의 집과 더불어 서로 가까워 그로 말미암아 더불어 오가면서 정을 통하였는데, 산달이 가까워 와도 사람들이 감히 말하지 못하였다. 성종 11년(992) 7월, 왕후가 안종의 집에서 머물자 그 집안사람들이 장작을 뜰에 쌓아 놓고 불을 질렀다. 불길이 막 솟아오르자 백관이 불을 끄러 달려오고 성종도 급히 와 (안부를) 물으니, 집안사람들이 결국 사실대로 알렸으며 이에 안종을 유배 보냈다.
— 『고려사』 「경종 후비 헌정왕후 황보씨 열전」

‡ 경종이 훙서하자 왕륜사(王輪寺) 남쪽의 사제(私第)로 나가 살았는데, 일찍이 꿈에 곡령(鵠嶺)에 올라 (오줌을) 누었더니 나라 안에 흘러넘쳐 다 은빛 바다를 이루었다. (점쟁이가) 점을 쳐 보고 말하기를, "아들을 낳으시면 왕이 되어 한 나라를 가지리라."라고 하자, 왕후가 말하기를, "내가 이미 과부가 되었거늘 어찌 아들을 낳겠소?"라고 하였다.
— 『고려사』 「경종 후비 헌정왕후 황보씨 열전」

여동생들과의 갈등, 성종은 왜?

이윤석 헌정왕후의 아들이 나중에 정말 왕이 된다면 소변을 보는 꿈을 꾸고 불을 피우면 왕이 된다는 공식이 성립할 것 같아요. 그런데 성종이 여동생들과 만난 남자 둘을 모두 유배 보내잖아요. 사별한 여인이 남자를 만나는 게 사회적으로 어느 정도 용인된 시기 같은데, 성종이 사형 다음으로 심한 처벌일 유배형을 내린 것은 과하지 않은가 하는 생각도 듭니다. 여동생들이 아들을 낳으면 왕위를 위협하는 세력이 될 수도 있으니까 미리 차단하기 위해 강력한 조치를 취한 게 아닌가 싶어요.

최태성 성종이 정말로 불안했다면 궁궐에 있는 선왕의 아들, 그러니까 천추태후가 낳은 아들을 죽였겠죠. 근데 잘 크고 있어요. 심지어 990년에는 자기 왕위를 천추태후의 아들에게 물려주겠다고 선언해요.† 이때 성종의 나이가 서른 살 정도밖에 안 되는데 말이죠. 한창인데도 벌써 조카를 후계자로 삼았기 때문에, 음모론을 제기하기는 조금 어렵습니다.

이익주 　여기서 핵심은 성종이 어떤 왕이냐는 겁니다. 성종이 숙부 왕욱을 사수현, 즉 지금의 경상남도 사천으로 아주 멀리 유배를 보내면서 "숙부께서 대의(大義)를 범했으니"라는 이유를 댑니다. 그렇다면 이 대의라는 것은 무엇일까요? 아마 유교의 대의일 것입니다. 성종은 고려 초기의 왕 가운데서도 가장 열렬하게 유교를 국가를 다스리는 통치 이념으로 만들려고 했던 사람이기 때문입니다. 이런 성종에게 정절, 특히 왕의 아내였던 사람의 정절이라는 것은 매우 중요한 문제였을 겁니다. 그래서 자기 숙부가 저지른 일을 성종으로서는 용납하기가 어려웠을 테고요.

신병주 　그 당시 유교 이념 중에 가장 중요한 것이 충, 효, 열입니다. 성종이 충신과 효자들을 표창해요. 열녀는 절부라고도 하는데, 남편이 죽었는데도 끝까지 수절한 여인들을 위해 성종이 갖가지 혜택을 주는 정책들을 계속 펼칩니다. 이렇게 성종 본인은 요즘 식으로 표현하면 충신과 효자, 열녀가 되라고 일선에서 직접 뛰어다니면서 캠페인을 벌이는데, 정작 자기 집안사람들은 정말 심하게 사고를 치는 거죠. 그래서 성종이 왕욱 같은 사람도 과감하게 유배를 보내는 판단을 내렸던 거고요.

이윤석 　자료를 보니까 우리가 학교 다닐 때 고려 최대의 불교 행사로 많이 외웠던 연등회[4]와 팔관회[5] 같은 것들도 성종이 금지했다고 해요. 유학 쪽으로만 전부 쏟아부었던 것 같아요.

이익주 　이렇게 성종이 유교 정치 이념에 집착했던 이유는 고려 초기에서 그 당시까지 계속된 왕실과 호족의 역학 관계를 살펴보면 알 수 있습니다. 태조 때에 호족과 타협하고 호족을 포용하면서 시작된 이 관계가 광종 때에는 호족들을 대거 숙청하고 배제하는 방향으로 나아갑니다. 그러다가 경종 때에 그 반작용으로 호족들이 갑자기 강해지는 혼란이 반복되는데, 성종은 이런 혼란을

아우구스투스 로마 제국의 초대 황제 아우구스투스는 도덕과 혼인의 신성함을 강조하는 법을 제정했지만, 훗날 추문에 휩싸인 딸을 추방해야만 했다.

제도를 정비함으로써 안정시키려고 했던 것이죠. 이런 성종에게 유교에서 이야기하는 군신 관계, 즉 신하가 왕에게 충성해야 한다는 논리는 아주 매력적으로 받아들여졌을 겁니다. 그래서 성종은 스스로 화풍(華風)이라는 것을 내세우면서 중국으로부터 여러 가지 제도를 받아들이고 그 제도의 밑바탕에는 유교 정치 이념을 깔아 놓음으로써 고려가 앞으로 안정적으로 유지될 수 있는 바탕을 만들고자 했던 것이죠.

최원정 결국 왕권신수설처럼 왕은 하늘이 내린 존재라는, 왕권의 기틀을 세우는 제도를 마련해 왕의 지위를 높이고 신하들이 감히 왈가왈부하지 못하게 한 거네요. 그런데 성종의 보호 아닌 보호 아래에서 자숙의 날들을 보내던 천추태후에게 새로운 기회가 찾아옵니다.

> † 조카 왕송을 개령군(開寧君)으로 삼고, 교서(敎書)를 내려 말하기를, "숭덕궁(崇德宮)의 적자인 왕송은 태조의 손자이며 나의 조카[猶子]이다."라고 하였다.
> ― 『고려사』 「세가」 성종 9년(990) 12월 7일

목종의 즉위, 천추태후의 섭정

997년, 오빠이자 왕이셨던 성종께서 승하하시고
내 아들 목종이 왕위에 올랐다.

이미 아들은 성인이 되었지만,
나는 섭정을 통해 국정에 관여하기로 했다.

> "폐지되었던 연등회를 부활할 것입니다.
> 전국의 사찰에 등을 달게 하고
> 나라의 안녕과 백성의 풍요로움을 비는
> 법회를 열 것입니다."

그리고 그동안 만날 수 없었던 한 사람을
궁으로 다시 불러들였다.

> "이제는 존귀한 분이 되셔서
> 예전처럼 가까이할 수 없다는 것이 슬플 따름입니다."

> "그런 소리 말게. 난 항상 그대의 사람일세.
> 그대는 내 연인이며 동지라는 말일세."

그는 바로 내 연인, 김치양이었다.

천추태후, 권력을 장악하다

최태성　장을 맞고 쫓겨 간 사람이 돌아왔습니다. 김치양이 개경으로 돌아왔습니다.

류근　목종이 즉위할 때 나이가 열여덟 살이라고 하네요. 그러면 성인이잖아요. 다 큰 아들인데, 어머니가 섭정하는 거예요. 천추태후가 봉인됐던 권력욕에 뒤늦게 각성하는 건가요?

신병주　그렇죠. 조선을 봐도 선조가 왕이 될 때 나이가 열여섯 살인데, 수렴청정을 받은 기간은 1년이 안 됩니다. 보통은 스무 살이 될 때까지 수렴청정을 받거든요. 그런데 이때 천추태후가 적극적으로 나서서 섭정을 했다는 것은 강한 권력욕을 지닌 인물임을 반증하는 거죠.

이윤석　섭정을 하자마자 가장 먼저 부른 사람이 김치양이라는 게 의미심장합니다.

이익주　성종이 죽고 목종이 왕위에 올랐을 때, 천추태후에게 응천계성정덕왕태후(應天啓聖靜德王太后)라는 긴 이름이 주어집니다. 천명에 순응해 조용한 덕과 성스러움으로 이끌어 간다는 뜻입니다. 지금까지 고려의 여러 태후 가운데서 이렇게 긴 이름을 받은 사람은 없습니다. 정치에 직접 나서려는 의지가 보이죠.

사랑 대 정치: 천추태후에게 김치양이란?

최원정　그런데 왜 천추태후는 김치양을 다시 불러들인 걸까요?

이윤석　존호를 봐도 알 수 있지만, 천추태후가 권력욕이 강한 사람이잖아요. 섭정을 도울 사람으로 불러들인 것이라고 생각합니다.

류근　제가 봤을 때 김치양은 정치적 파트너예요. 권력을 잡고 나서 가장 믿을 만한 사람을 찾았는데, 그게 바로 연인인 김치양이었다는 거죠. 그니까 사랑과 정치를 동시에 해결하겠다는 마음이 아니었나 싶어요. 지금 오빠도 없고 거리낄 게 없잖아요.

최원정 그러니까 쉽게 표현하면 임도 보고 뽕도 따고 일석이조네요.

신병주 도랑치고 가재 잡고, 전문용어로 일타이피라고 합니다.

이익주 김치양을 불러들인 것에는 여러 가지 이유가 복합적으로 작용했다고 보는 것이 옳을 겁니다. 천추태후가 권력을 잡고 있을 때는 김치양뿐 아니라 서경 근처에 있는 황주 일대의 사람들이 정계에 많이 진출합니다. 황주는 천추태후의 할머니 쪽 연고지죠. 그리고 김치양이 천추태후의 외족에 동주 사람이라 했는데, 동주와 황주는 가까운 지역입니다. 다시 말해 천추태후는 김치양을 중심으로 자기 세력을 키우려고 한 것이죠.

신병주 그래서 천추태후가 김치양을 불러들인 후에 거듭해 승진시켜 줍니다. 처음에 합문통사사인이라는 직책을 내렸다가, 그다음에 우복야 겸 삼사사로 임명합니다. 조선으로 치면 정승급 대신이죠. 그리고 김치양이 자기의 측근 세력들도 계속 궁궐에 끌어들이니까 당시에 "백관의 임명이 모두 김치양의 수중에 달려 있었다."라는 평가가 나올 정도가 됩니다. 엄청난 권력을 휘둘렀다는 거죠.

최태성 김치양이 인생 역전의 모습을 보여 주고 있습니다. 권세가 대단해 자택 규모가 300칸이 넘었다고 해요. 거기에 연못과 정원, 정자 등을 아주 아름답고 화려하게 꾸며 놔서 그 위세를 보여 줬다는 이야기가 있더라고요. 어마어마한 거죠.

신병주 조선 전기에 경복궁이 정도전의 주도로 처음 완성됐을 때 규모가 755칸이거든요. 경복궁의 절반 가까이 되는 크기의 집에 산 겁니다. 권력과 금력을 양손에 쥔 거예요.

류근 거기에 사랑까지도 쥐었고요.

이윤석 이쯤에서 아들인 목종의 입장도 한 번 살펴봐야 하지 않나요? 김

경복궁 오늘날의 경복궁은 임진왜란 때 불탄 것을 19세기에 중건한 것이다.

치양이 일종의 새아버지인 셈이잖아요. 그런데 기록을 보니까 별
로 안 좋아했던 거 같아요. "김치양을 내보내려고 해도 어머니인
천추태후의 마음이 상할까 봐 못 내보냈다."라는 얘기가 있어요.

최원정 　보면 목종이 효자인 거 같아요. 엄마의 심기를 안 건드리네요.

이윤석 　저는 목종이 단순하게 김치양을 마음에 안 들어 하고 싫어했던
　　　　게 아니라고 봅니다. 김치양이 자꾸 거대한 세력을 확보해 나가
　　　　는 게 두려웠던 것이 아닐까요?

최원정 　이렇게 천추태후가 옛 연인 김치양을 다시 궁으로 불러들인 상
　　　　황에서 천추태후의 정치적 야심이 드러난 사건이 또 발생했다고
　　　　합니다.

고려 뉴스: 천추태후, 김치양의 아들을 출산하다

이광용   천추태후가 목종에 이어 둘째를 곧 출산할 거라는 속보가 들어왔습니다. 상황이 어떤지, 천추전 내부 현장을 연결해 보겠습니다. 산모인 천추태후의 진통이 계속 이어지고 있습니다. 아, 드디어 아이가 세상에 나왔습니다. 이 소식을 누구보다 기다리고 있을 아이 아빠는 바로 김치양입니다.

이윤석   김치양이 아들까지 얻었네요. 이제 다 가진 거예요.

이광용   김치양과의 사이에서 아들을 낳은 천추태후! 나이 마흔에 얻은 둘째 아들입니다. 왕실의 큰 경사라고 할 수 있는 출산 소식이죠. 그런데 왕실 내부 표정이 밝지만은 않습니다. 즉위한 지 6년이나 지난 목종에게서 후사가 아직 없기 때문입니다. 게다가 목종을 둘러싸고 정말 심상치 않은 소문마저 도는 상황입니다. 이와 관련해 제가 긴급하게 입수한 소식에 따르면, 늦은 밤에 심상치 않은 소문을 듣고 아들 목종의 처소를 찾은 천추태후가 목종 옆에 남자가 누워 있는 것을 발견했다고 합니다.

이윤석   진짜입니까? 가짜 뉴스 아닙니까?

신병주   "목종이 아주 용모가 뛰어나고 신체가 좋은 남자를 가까이 했다."라는 기록은 『고려사』와 『고려사절요』에 다 나옵니다. 그 남자들의 이름도 나와요. 유행간과 유충정. 유충정은 발해 사람인데, 목종이 아주 좋아했다는 기록이 있고, 특히 유행간이라는 사람의 기록을 보면 용모가 유려하여 목종의 사랑을 받은 용양(龍陽)이라는 표현이 나와요. 용은 왕을 상징하고 양은 양기, 즉 남자를 가리키니까 용양은 왕의 동성 연인 정도의 뜻이죠.

이광용 　일부 신하 사이에서는 목종의 연인으로 의심받는 이들이 권세를 누린다는 소문까지 돈다고 합니다.[†] 그러다 보니 일각에서는 목종의 후사가 요원해진 것을 알고 천추태후가 다급한 마음에 '그러면 나라도 하나 더 낳아야겠다. 그래서 그 아이로 왕위를 잇겠다.'라며 결심하고 실행에 옮긴 것이 아니냐는 분석까지 나오고 있습니다.

최원정 　그렇다고 어떻게 바로 원하는 대로 임신하고 그것도 아들을 낳죠? 계획 임신이라는 게 쉽지 않을 텐데 말이죠. 뭔가 좀 이상해요.

최태성 　그러니까요. 그 당시에 나이 마흔에 아이를 낳는다는 게 정말 쉬운 일이 아니거든요.

이광용 　천추태후의 둘째 아들 출산으로 새로운 국면을 맞게 된 고려 왕실에서 앞으로 어떤 일들이 펼쳐질지 정말 궁금합니다.

최원정 　위험한 사랑이 여러 번 나오네요.

류근 　황색 스캔들로 가득해요.

이윤석 　맨 처음에는 여동생에게 승려가, 그다음에는 다른 여동생에게 숙부가, 마지막으로 아들에게는 남자 친구가 나오네요.

> [†] 선지(宣旨)할 때마다 왕은 반드시 먼저 유행간에게 물어본 후에 시행하였다. 이 때문에 총애를 믿고 교만하여 문무백관을 경멸하고 마음대로 부리니, 근시들은 그를 왕처럼 대접하였다..
> —『고려사』「유행간 열전」

치정 대 정치: 천추태후의 출산에 숨은 진실

최원정 　근데 진짜로 '아들에게 후사가 없으니까 나라도 아이를 낳아야겠다.'라고 결심했을까요?

대보적경 변상도

류근　천추태후가 아직도 섭정 중인 거죠? 다분히 정치적 의도가 담긴 계획적 임신이고 계획적 출산이라고 봅니다.

최태성　처음부터 천추태후와 김치양은 연인 사이였고, 좋아하니까 김치양을 다시 불러들여 아이를 낳은 겁니다. 그런데 마침 목종에게 후사가 없으니까 천추태후로서는 사랑하는 사람의 아이를 후사로 삼자고 생각할 수 있죠. 사랑하는 사람끼리 아이를 갖는 게 뭐가 이상해요? 자연스러운 일 아닌가요?

류근　고려 시대의 평균수명을 고려하면 나이 마흔에 아이를 낳는 것은 노산이에요. 그런데 사랑만으로 그런 노력을 한다는 게 이해하기 어렵죠.

최태성　저는 나이 마흔에 정치적인 의도를 갖고 아이를 낳는다는 게 더 이해가 안 된다는 거죠. 제가 왜 사랑인지 보여 드릴게요. 이게 뭐냐면 『대보적경』⁶에 실린 「변상도」⁷라는 그림인데, 왕실이나 개인이 복을 내려 달라고 그린 겁니다. 무엇으로 그린 걸까요? 이게 다 금으로 그린 거예요. 그림에 붙은 발문의 맨 끝에는 왕태후 황보씨와 김치양 두 사람의 이름이 나옵니다. 이게 만들어진 1006년에 천추태후의 둘째 아들 나이가 네 살이에요. 이런 걸 만들었을 정도로 천추태후와 김치양은 정말 사랑하는 사이입니다. 얼마나 애틋해 보입니까?

류근 저 그림이 정말 순수하게 보여요? 네 살밖에 안 된 아이를 위해 저렇게 불교적으로 치성을 드렸다는 사실 자체는 그냥 기복이에요. 오히려 정치적 야심과 탐욕을 보여 준 거죠.

최태성 아니, 왜 순수하게 안 보세요? 저는 저 그림이 요즘으로 치면 그냥 돌 사진이라고 봐요. 아이의 돌 사진을 찍는 데 정치적 야망을 드러냅니까?

이윤석 제 생각에는 천추태후가 아들의 성향을 미리 알았던 게 아닌가 싶어요. 어머니가 아들을 제일 잘 알잖아요. 그래서 섭정을 시작하자마자 대를 내가 이어야겠다고 생각하고 김치양을 불러서 아이를 낳고 대를 이으려 한 것이라고 봅니다. 그래서 선후를 굳이 나누자면 정치적인 계산이 먼저이고, 그 계산에 따라 사랑하는 남자를 불렀다고 생각해요.

최원정 의도했건 의도하지 않았건 아이가 태어났어요. 이 아들에게 왕위를 이을 자격이 있나요?

이익주 우리 상식으로 본다면 김치양의 아들이니까 김씨죠. 그렇다면 왕위 계승 자격이 없습니다. 그런데 고려 시대에는 아들이 없으면 딸로 계보를 이어 갈 수 있습니다. 기록에 따라 다르지만, 왕건의 선대에도 여성을 통해 계보가 이어진 예가 있습니다. 따라서 고려 왕실에서도 뒤를 이을 아들이 없다면, 천추태후와 김치양 사이에서 태어난 아들이 그 계보를 이을 자격이 있다고 할 수 있지요.

류근 왕씨가 아니어도 이을 수 있는 건가요?

이익주 아마 성을 왕씨로 했을 겁니다. 천추태후가 황보씨라고 하지만,

당 숙종 『편년통록』에 따르면 왕건의 계보는 당 숙종과의 사이에서 작제건을 낳은 증조모 진의를 통해 이어진다.

왕건의 손녀이니까 사실은 왕씨거든요. 그래서 천추태후와 김치
양 사이에 태어난 아들이 왕씨로 계승할 수가 있는 겁니다.

최원정 그런데 천추태후가 새로 아들을 낳기는 했지만, 그 속마음이 드
러나는 사건이 또 있었다고 합니다.

조카 대량원군에게 독이 든 음식을 보내다

김치양과의 사이에서
아들을 낳은 천추태후.

여동생 헌정왕후의 아들이자
조카인 대량원군을 승려로 만들어
강제로 절로 보낸다.

그러고는 대량원군에게
술과 떡을 보내는데,
이상한 낌새를 눈치챈 한 승려가
대량원군을 숨겨 준다.

천추태후의 조카 대량원군 독살 시도

최원정 천추태후의 속마음이 드러나는 거 같지 않나요? 대량원군이라
고 하면 천추태후의 여동생이 숙부와의 사이에서 낳은 아들이잖
아요.

최태성 그렇죠. 그래서 성종이 대량원군을 데려가 궁에서 키워요. 그리
고 열두 살이 되었을 때 천추태후가 승려로 만들고 죽이려고 한
상황이 된 거죠.

이윤석 이해가 안 됩니다. 여동생이 남긴 유일한 아들인데, 천추태후는
왜 그렇게까지 그 아이를 미워해서 죽이려고 했을까요?

이익주 그 당시 왕실의 계승권자 상황을 살펴볼 필요가 있습니다. 태조
왕건에게 아내가 많았지만, 그 가운데 왕후는 여섯 명이었죠. 그
여섯 명의 왕후에게서 모두 열두 명의 아들이 태어납니다. 이 열
두 명의 아들이 '태혜정광경성목', 이렇게 일곱 왕의 시대를 거
치면서 서로 싸우다 죽는 일이 많다 보니 후손이 번성하지 못합
니다. 그러다 보니까 목종 대에 이르면 왕위를 계승할 만한 사람
이 없어집니다. 헌정왕후와 숙부인 왕욱 사이에 태어난 대량원
군이 유일한 계승자가 될 정도로 후손이 없죠. 따라서 천추태후
와 김치양 사이에 태어난 아들이 대량원군만 없다면 그다음 왕
위 계승자가 되는 상황이 돼 있었습니다.

최태성 천추태후 입장에서 보면 이렇게 생각할 수 있을 거 같아요. 대량
원군의 아버지가 왕욱이잖아요. 왕욱의 아버지는 왕건인데, 어
머니는 신성왕후 김씨예요. 신성왕후 김씨는 신라 쪽 사람이고
요. 따라서 목종의 뒤를 대량원군이 잇는다면, 신라 김씨가 권력
을 잡을 수도 있다고 판단하는 거죠. 대량원군이 같은 왕씨이지
만, 혈통으로 본다면 신라 쪽과 연결되니까요.

최원정 대량원군이 왕이 되면 신라계 세력이 확 커질 수도 있겠네요.

신병주 대량원군과 왕욱의 연결 고리를 보여 주는 이야기가 있어요. 왕욱이 유배를 갔잖아요. 대량원군은 궁궐에서 자랐고요. 그런데 대량원군을 기른 궁궐의 보모가 어린 대량원군에게 제일 먼저 가르친 말이 "아버지"였다고 합니다. 대량원군이 계속 "아버지"라는 말만 하니까, 그 당시의 왕인 성종이 "이 어린아이가 아버지를 애타게 찾는구나."라고 측은하게 여겨 대량원군을 왕욱이 있는 유배지로 보내죠. 그럼으로써 왕욱은 죽기 전까지 유배지에서 대량원군이 자라는 것을 보며 함께 지냅니다. 그래서 그 보모는 왕욱 측에서 보낸 사람이었다는 이야기가 있고요.

이윤석 이 왕욱이라는 사람이 야심가이고 지략가였던 것 같아요. 본인이 태조 왕건의 핏줄이기 때문에 자격이 있잖아요. 그래서 왕이 될 꿈을 꾼 거 같아요. 그런데 현실에서는 신정왕후 황보씨의 자손들이 계속 왕이 되니까 어렵다고 보고, 그쪽 핏줄의 여성을 노린 거예요. 그런데 마침 헌정왕후가 혼자가 되니까 의도적으로 접근해서 '내가 왕이 되거나, 적어도 내 아들이 왕이 되게 만들어야겠다.'라는 식으로 고도의 음모를 꾸민 게 아니었나 합니다.

이익주 왕욱을 주인공으로 해서 본다면 그런 이야기도 충분히 있을 수 있습니다. 왕욱과 천추태후라는 개인의 뒤에는 후원 세력들이 있고, 그 세력들을 두 사람이 각각 대표한다는 식으로 말이죠. '두 살밖에 안 된 어린 아들 대량원군을 굳이 궁궐이 아닌 자기가 유배된 곳에 데리고 오게 한 목적은 무엇이었을까? 옆에 데리고 있으면서 아들에게 계속 무슨 이야기를 했을까?' 이런 상상을 한번 해 볼 수가 있죠.

이윤석 이런 식으로 주입했을 거 같아요. "일단 내가 왕이 되긴 어려울 거 같은데, 아빠도 엄마도 왕의 핏줄인 건 너밖에 없어. 내 원수를 갚기 위해서라도 넌 왕이 돼야 해."

이익주 그래서 이 어린 대량원군이 왕욱으로 대표되는 신라계의 지원을 받았다고 생각할 수도 있고, 그 반대쪽에 있는 천추태후는 황주 세력의 지원을 받았다고 생각하면 그 당시의 정치 지형이 어느 정도는 정리되죠.

최원정 이때는 왕실도 호족 세력도 얽히고설킨 복잡한 시대였군요.

신병주 어떻게 보면 천추태후는 상당한 고려적 전통을 지닌 기반 위에서 성장한 인물이에요. 그래서 고려의 토착 풍속이 아닌 성종의 유교 정치 이념도 마음에 안 드는 거예요. 자기가 직접 낳은 아들 목종이 제대로 정치도 못하고 남색에 빠진 현실도 불만스럽고요. 그래서 지금과는 다른 정치 세계와 고려를 만들기 위해 스스로 왕과 같은 역할을 하기도 하고, 이번에는 정말 총명한 아들을 낳아 제대로 키워 보려고 하면서 김치양이라는 정말 위험한 남자를 끌어들인 것은 아닐까 하는 생각도 해 봅니다.

최원정 손에 땀을 쥐면서 천추태후의 위험한 사랑을 지켜봤습니다. 김치양과의 사이에서 낳은 아들을 목종의 후계자로 세우고자 했던 천추태후인데, 왕위 계승 서열 1위인 대량원군을 아직 제거하지 못했잖아요. 앞으로 역사는 또 어떻게 전개될까요?

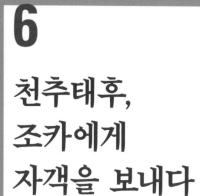

6

천추태후,
조카에게
자객을 보내다

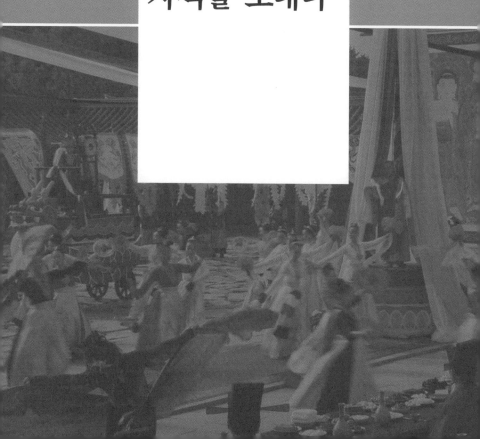

일찍이 태조는 스물아홉 명의 아내에게서 스물다섯 명의 아들과 아홉 명의 딸을 두었다. 하지만 그 자손은 번성하지 못했다. 손자 대에 이르면 왕위를 계승할 수 있는 사람이 손에 꼽을 정도가 되었다. 경종과 성종이 태조의 손자였고, 목종은 증손자였지만, 목종에게서 후사가 없자 당장 왕위 계승이 문제가 되었다. 그렇게 된 이유는 분명치 않다. 고려 왕실의 근친혼 탓이라는 얘기도 있지만 근거가 없고, 그보다는 태조의 후손들이 왕자의 난에 연루되어 희생당하고, 특히 광종의 공포정치에서 피해를 보았기 때문이라는 설명이 설득력이 있다.

목종에게 후사가 없는 상황에서 천추태후와 김치양은 자기들이 낳은 아들을 왕위에 올리려 했다. 당시 관념으로 볼 때 아주 불가능한 일은 아니었지만, 결코 쉽지 않은 일이었다. 대량원군이 있었기 때문이다. 대량원군은 천추태후의 동생이자 경종의 왕비였던 헌정왕후가 태조의 아들인 안종 왕욱과의 사이에서 낳은 아들이었다. 비록 부모는 불륜의 관계였지만, 그 아들은 엄연히 태조의 손자로서 용손(龍孫)이었다. 천추태후는 대량원군만 없애면 자기의 뜻이 이루어질 수 있다고 생각했다.

천추태후는 김치양과의 사이에서 아들이 태어나자 12세의 대량원군을 강제로 승려로 만들었다. 얼마 뒤에는 개경에서 멀리 떨어진 삼각산의 신혈사로 쫓아냈다. 앞으로 정치에 개입하지 못하게 하려는 것이었지만, 안심할 수는 없었다. 고려 시대의 절은 속세의 정치와 단절되어 있지 않았고, 어디에 가 있든지 유일한 용손의 존재감은 사라지지 않았다. 결국 천추태후는 대량원군을 죽이기로 작정하고 여러 차례 사람을 보내 암살을 시도했으나, 신혈사 승려 진관의 기지로 대량원군은 목숨을 건질 수 있었다.

여기까지는 왕위를 둘러싼 궁중 암투다. 하지만 이 싸움에는 정치적 복선이 깔려 있었다. 우선 대량원군은 성종 때부터 등장한 경주 출신 관료들의 지지를 받았다. 성종이 유교 정치 이념을 정치에 적극적으로 활용하면서 유교를 다른 지역보다 훨씬 먼저 받아들인 경주 사람들이 중요한 역할을 할 수 있게 되었다. 최승로가 대표적인 인물이다. 성종은 이들과 손잡고 '화풍(華風)', 즉 중국의 유교 문화를 받아들여 고려의 전통문화를 바꾸고자 했다. 대량원군은 할머니가 태조의 제5왕후이며 신라 왕실 출신인 신성왕후 김씨였다는 점에서 이들 신라계 관료들과 연고가 있었다.

반면에 천추태후는 고려의 전통을 대표했다. 천추태후의 할머니가 속한 황주 황보씨는 충주 유씨와 함께 국초부터 호족 세력의 중심에 있었다. 이들은 광종과 성종의 중앙집권 정책에 저항하면서 세력을 유지했고, 특히 성종의 '화풍'에 맞서 '국풍(國風)', 즉 고려의 전통을 지켜야 한다고 주장했다. 천추태후와 김치양 사이에서 태어난 아들의 왕위 계승권도 유교 이념을 부정하고 국풍을 극대화했을 때 인정받을 수 있었다.

천추태후의 대량원군 암살 시도로 표출된 양측의 대립은 강조의 개입으로 전혀 예기치 못한 방향으로 전개되었다. 국경을 수비하던 강조가 갑자기 군대를 이끌고 들어와 정변을 일으켰던 것이다. 그에 관한 기록은 잘 정리되어 있지 않은데, 처음에 목종이 김치양을 제거하기 위해 강조를 끌어들였으나, 강조는 김치양을 제거했을 뿐 아니라 목종마저 폐위하고 대량원군을 새 왕으로 세웠다고 되어 있다. 이 부자연스러운 전개는 사료의 부족 탓으로 돌릴 수밖에 없다. 어쨌든 국풍파와 화풍파의 대립은 어느 편도 승리하지 못한 채 강조가 권력을 장악하는 것으로 결말을 맞았다.

천추태후는 김치양과 두 아들을 모두 잃고 권력도 잃은 채 황주로 쫓겨나 21년을 더 살았다. 천추태후의 퇴장은 국초부터 권력의 핵심에 있던 호족 세력의 퇴장을 의미했다. 그런 점에서 강조의 정변은 결과적으로 호족의 시대를 종식시킨 대사건이었다.

천추태후, 조카에게 자객을 보내다

고려 제7대 왕 목종의 어머니 천추태후.
아들을 대신해 섭정하면서
왕과 다름없는 권력을 잡았다.

"나는 그대의 관직을 삼사사로 높일 것입니다.
그리 하면 편전에 들어와 신료들과 황제 앞에서
당당하게 그대 의견을 펼 수 있을 것입니다."

천추태후는 연인이자 정치적 동지였던
김치양과 함께 조정을 장악하고,
목종의 후사가 없는 상황에서
김치양의 아들을 낳는다.

이 아들을 다음 왕으로 세우고 싶었던
천추태후는 음모를 꾸미기 시작한다.

강제로 출가하게 한 자신의 조카이며
태조 왕건의 손자이자 강력한 왕위 계승 후보인
대량원군을 제거하려 한 것이다.

조카를 제거하려 한 천추태후

최원정 천추태후가 조카를 죽이려고 했던 것은 역사적 사실인가요?

이익주 사실입니다. 천추태후는 아들 목종이 왕위에 오른 후 섭정을 하
죠. 그리고 김치양을 불러들여 같이 정치를 하면서 정치적으로
얻을 것은 거의 얻었다고 할 수 있는데, 문제는 후계입니다. 아
들 목종에게서 후사가 태어나질 않았죠. 고려 초기의 숱한 정쟁
속에서 왕족들이 목숨을 잃다 보니까, 이 무렵이 되면 숙부 왕욱
과 동생 헌정왕후 사이에 태어난 아들 대량원군이 사실상 유일
한 왕위 계승 후보자가 됩니다. 천추태후가 '대량원군이 왕이 되
면 내 권력이 계속 유지되지 못할 것이다.'라는 생각을 하던 차
에 마침 자기와 김치양 사이에 아들이 태어나죠. 이렇게 되니까
천추태후와 김치양이 대량원군을 살해하려고 생각한 겁니다.

신병주 정치와 권력이 얼마나 비정한지를 보여 주죠. 천추태후는 대량
원군에게 이모거든요. 그런데도 천추태후는 절에 있는 조카를
살해하려고 독이 든 음식을 보냅니다. 그런데 이때 한 승려가 뭔
가 낌새를 채고 굴을 파서 대량원군을 숨겨요. 그러고는 받은 음
식을 새들에게 먹여 보니 아니나 다를까 새가 다 죽습니다. 이런
독살 시도도 있을 정도로 아주 집요하게 대량원군을 제거하려고
하죠.

이익주 대량원군이 "삼각산 신혈사의 중이 되었다."라는 기록이 있습니
다. 이 삼각산이 지금 서울에 있는 북한산이죠. 그 신혈사라는
절의 진관이라는 승려가 이때 대량원군을 구해 줘서 나중에 대
량원군이 진관을 위해 지어 준 절이 현재 서울에 있는 진관사입
니다.

이해영 권력이라는 게 그 속성과 본질이 워낙 비정하다고 하지만, 조카
를 독살하려고 이렇게나 집요하게 노력했다는 게 어떻게 보면

천안 봉선홍경사 갈기비 안종(왕욱)이 절을 짓다 완성을 보지 못하고 사망하자, 그 아들인 현종이 뒤를 이어 절을 완성했다는 내용이 적혀 있다.

진관사 수륙재 '수륙재(水陸齋)'는 고혼(孤魂)의 천도를 위해 지내는 의례로, 진관사는 조선 시대에도 왕실 주도의 대규모 수륙재를 주로 담당하였던 중심 사찰이었다.

　　　좀 씁쓸해요. 이래도 되는 거예요?

류근　　천추태후는 자기가 이미 왕의 지위에 있는 거나 마찬가지라고 생각했을 개연성이 아주 높아요. 그런데 '내 아들은 왜 왕위 계승이 안 돼?'라고 생각한 거죠.

최원정　그러면 대량원군, 그리고 천추태후와 김치양 사이에서 태어난 아들, 둘 중에 과연 누가 더 왕위 계승자로 적합한지, 제대로 따져 보는 시간을 가져 보겠습니다.

그날의 오디션

이광용　「그날의 오디션」, 당신의 정윤을 선택해 주세요! 오늘의 후보

는 두 명입니다. 천추태후와 김치양의 아들, 그리고 대량원군
입니다. 누가 더 왕위 계승자로 적합한지, 두 사람의 매력을
확인해 보는 시간을 가져 보겠습니다. 그런데 문제가 있습니
다. 목종 6년을 기준으로, 천추태후와 김치양의 아들은 갓난
아이고, 대량원군도 이제 고작 열두 살입니다.

류근 　잠깐만요. 오디션이라고 하면 아이돌이 나오는 게 보통이긴
한데, 그래도 너무 어리지 않습니까?

이광용 　그래서 오늘의 오디션에서 두 후보의 매니저 역할을 해 줄 두
분을 모셨습니다. 나와 주세요.

김지원 　안녕하십니까? 김지원입니다. 저는 천추태후와 김치양의 아
들을 소개하려고 나왔습니다. 이 아이, 아직은 어리지만 고려
최고의 '금수저'입니다. 아버지는 다르지만, 한 어머니의 배
에서 난 형이 현직 왕입니다. 어머니는 천추태후, 아버지는 김
치양입니다. 게다가 어머니 쪽 세력으로는 황주 황보씨가 있
습니다. 다들 아시죠? 고려 초 최다 왕비 배출에 세력으로는
호족 중에서 세 손가락 안에 드는 강력한 가문입니다. 이 아이
가 정윤에 오르기만 하면, 대적할 자가 거의 없다는 거죠. 고
려 초, 나라의 기틀을 닦는 이 와중에, 강력한 왕권 확립이야
말로 가장 중요한 과제가 아닐까요?

강승화 　대량원군의 관리를 맡은 강승화입니다. 우리 대량원군은 부
모님부터 보시죠. 엄마는 태조 왕건의 손녀이자 천추태후의
동생인 헌정왕후입니다. 그리고 아빠는 태조 왕건의 아들인
왕욱입니다. 그러니까 왕족의 피를 그대로 물려받은 정말 로
열패밀리 중의 로열패밀리, 고귀한 혈통이라는 거죠. 그러니
까 우리 대량원군이 그냥 왕이 돼야 합니다.

김지원 　고귀하기는 뭐가 고귀해요? 불륜으로 태어났다는데 말이죠.

아버지와 어머니가 몰래 연애하다가 아버지는 유배 가고, 어
머니는 그 충격으로 대량원군을 낳다가 죽었대요.

강승화 그렇게 따지면 그쪽도 떳떳한 거 하나도 없어요. 김치양도 예
전에 유배 갔잖아요.

이해영 보다 보니까 왕위 계승자 오디션이 아니라 누가 더 흠이 있는
지 겨루는 거 같아요.

이광용 사실 자격을 운운하자면, 핏줄이니 집안이니 그게 뭐가 중요
합니까? 후보자 본인이 얼마나 출중한지가 제일 중요한 거 아
니에요?

강승화 저희 대량원군은 준비된 인재입니다. 제가 대량원군이 직접
지은 시를 한 수 준비했습니다. "뜰 아래 또아리를 튼 작고 작
은 새끼 뱀/ 온몸에 붉은 비단 두른 듯 절로 찬란하네/ 너무
오래 화림에 있다고 말하지 말라/ 하루아침에 용이 되는 것
어렵지 않으니."

이광용 일단 문장이 훌륭한 건 둘째 치고, 내용이 아주 의미심장합니
다. 여러분, 이제 선택의 시간입니다. 당신의 정윤에게 투표하
세요.

최원정 그럼 천추태후와 김치양의 아들, 그리고 대량원군, 이 두 인물에
게 점수를 줘 볼까요? 정통성, 발전 가능성, 호감도, 이 세 항목
을 각 100점으로 잡고 점수를 주시면 됩니다. 300점 만점으로 말
이죠. 우선은 최태성 선생님부터 보겠습니다.

최태성 저는 대량원군에게 300점 만점을 주겠습니다. 대량원군의 핏줄
을 보면 정통성은 더 이야기할 필요가 없습니다. 그리고 지금 어
려운 시절을 겪고 있잖아요. 그러므로 발전 가능성이 많아요. 호
감도 가고요. 그래서 모든 항목에 100점을 줬습니다. 반면에 천

현화사비 상단의 현종 어필 탁본 현화사는 현종이 양친의 명복을 빌고자 지은 절로, 비문 상단의 글은 현종이 직접 썼다고 전한다.

추태후와 김치양의 아들은 왕통으로 봐도 약간 부족하고, 너무 '금수저'예요. 그래서 저는 대량원군에게 투표하겠습니다.

이해영 저는 천추태후의 아들 쪽에 점수를 더 많이 주고 싶습니다. 엄마가 현재 최고의 권력자이니까 옆에서 도와주면 발전 가능성은 크게 있지 않을까 합니다.

류근   저는 다른 거 필요 없어요. 대량원군이 시를 썼잖아요. 시로써 자기 마음과 자기 의지를 드러낼 줄 안다는 거, 정말 훌륭한 겁니다.

신병주   그렇게 따지면 천추태후의 아들이 불리합니다. 말을 못 하는 어린아이에요. 동등한 기준으로 평가해야죠.

대량원군의 야심

최원정   그런데 아까 읊은 대량원군의 시 있잖아요. 그 내용 자체가 매우 의미심장해요. 목종이 아직 건강한데, 그 시를 보면 역모의 냄새가 짙게 배어 있어요.

이익주   대량원군이 꿈을 꾸었는데, 꿈에서 닭 울음소리와 다듬이 소리를 들었답니다. 그래서 해몽을 했더니, "꼬끼오"라는 닭 울음소리는 고귀위라 해서 한자로 높을 고(高), 귀할 귀(貴), 자리 위(位), 즉 고귀한 자리라는 뜻으로 풀었고, 다듬이 소리는 어근당이라 해서 임금 어(御), 가까울 근(近), 마땅할 당(當), 다시 말해 왕위가 가까워졌다는 뜻으로 풀었습니다.

최원정   이런 꿈을 열두 살밖에 안 된 대량원군 본인이 꾸었다고 얘기한 거군요.

류근   어린 나이이지만 뭔가 야망이 읽히는 부분입니다. 그러면 결국 누가 정윤이 되는 거예요?

최태성   우리도 지금 결정하기 어려워하는데, 그 당시 사람들도 똑같았던 거 같아요. 결정하기 어려우니까 정하지 못하고 그냥 시간이 흘러갑니다.

최원정   솔직히 누가 왕위 계승자가 되든 간에 둘 다 결격사유가 있는 거 아니에요?

이해영 누구든 상관없다는 식으로 볼 게 아니라 역사 속의 왕위 계승 사례를 보면 되죠. 부계 계승을 우선한다고 했을 때 목종에게 아들이 생기면 그 아들에게 물려주고, 목종에게 아들이 없으면 대량원군에게 물려주는 게 자연스러운 방식이잖아요.

류근 천추태후가 자기의 권력을 유지하기 위해 억지를 부린다는 생각이 들긴 해요.

천추태후 대 신라계

신병주 천추태후를 지지하는 세력과 대량원군을 지지하는 세력들의 대립을 단순하게 왕실 친족 간의 대립 구도로만 볼 수 없습니다. 이 당시에 대량원군을 지원하는 세력은 대부분 성종 때 본격적으로 등장한 신라계 세력이죠. 따라서 고려의 전통적인 질서 속에 있었던 천추태후의 세력과 새롭게 부상한 신라계 세력의 대립으로도 해석할 수 있습니다.

이익주 신라계 세력은 유교를 앞세워 부상한 정치 세력입니다. 성종이 유교 정치 이념을 표방하면서 과거를 통해 관료를 선발하는데, 그때 문화와 전통이 가장 깊었던 경주 사람이 많이 관직에 진출합니다. 그에 따라 성종 대가 고려 초에 정치의 흐름이 상당히 달라지는 시기가 되고요. 그런데 성종이 사망한 후에 목종이 즉위하고 천추태후가 섭정하면서 성종 대의 유교 정치를 부정하는 듯한 흐름이 나타납니다. 천추태후는 성종의 유교 정치에 반감을 품은 전통적인 호족들을 정치적으로 대변하는 위치에 있기도 합니다.

최원정 두 후보의 왕위 다툼일 뿐만 아니라, 더 나아가서 당시에 고려를 이끌어 가던 두 중요 세력의 다툼이기도 했다는 거군요.

이해영 서로 추구하는 가치와 이념이 달라 부딪히고 있었다고 볼 수 있

연등 행렬 고려의 연등회는 불교적 행사였지만, 오늘날에는 문화 행사로서 기능하고 있다.

　　 는 거네요.

최태성　지금 말씀하셨듯이 유교 정치 이념을 확립하려고 했던 성종이
　　　　신라계를 대표했던 세력들을 후원했죠. 불교 행사라고 할 수 있
　　　　는 연등회와 팔관회 같은 것들을 하지 못하게 하고, 중국에 기대
　　　　면서 특히 송나라와의 관계를 중요하게 생각했던 사람들이 신라
　　　　계입니다. 반면에 천추태후를 중심으로 하는, 전통을 중시하는
　　　　사람들은 불교 행사인 연등회와 팔관회를 장려하고, 고려가 황
　　　　제국임을 내세우면서 자주적인 전통을 강조하죠. 한마디로 축약
　　　　해 이야기하면 중화의 화 자를 따서 신라계의 노선을 화풍이라
　　　　고 하고, 전통을 중요시하는 사람들의 노선을 국풍(國風)이라고
　　　　합니다. 화풍과 국풍의 대립 속에서 결국에는 누군가가 승자가
　　　　될 것이고, 그 승자가 만들어 가는 세상, 즉 제2의 고려는 그 이
　　　　전과는 다른 세상이 될 것이라는 생각이 들어요.

이해영　이렇게 첨예하게 대립하고 있을 때, 왕이 정윤은 누군지 정해서

애제와 동현 전한의 애제는 미소년인 동현을 총애해 '단수(斷袖)'의 고사를 남겼다.

매듭지으면 간단하고 깔끔하잖아요. 그게 왕의 역할이고요.

류근 근데 목종이 어떤 사람인지 아시잖아요. 정무를 보기에 모자랄 것 없는 열여덟 살에 즉위했는데도 어머니인 천추태후의 섭정을 받은 인물 아닙니까? 더군다나 친아버지도 아닌, 어머니의 애인이 조정을 장악하는 데도 힘을 실어 주는 인물이라는 말이죠. 효심이 깊어서 그런 건지, 유약하고 심약해서 그런 건지는 잘 모르겠지만, 첨예한 대립각을 세우고 있는 조정에서 조정자의 역할을 하기에는 결단력이 심하게 부족한 인물이 아니었을까요?

신병주 목종의 남색 또한 후계 구도에 많은 영향을 줬던 것 같아요. 후사를 볼 가능성이 상대적으로 낮아지죠. 그러다 보니까 후계 구도가 더 복잡해지고요.

류근 그러면 역시 천추태후가 일찌감치 더는 목종에게 가능성이 없다고 파악하고 자기가 후사를 낳아 잇는 수밖에 없겠다고 생각했다는 거예요?

신병주 내가 나서야겠다고 생각했을 수는 있죠. 요즘 보면 대학에서도 가끔씩 아들을 대신해서 수강 신청을 하는 어머니들이 있어요.

최원정 왕위 계승자 자리를 놓고 고려는 점점 더 혼란에 빠지고 있습니다. 그런데 어느 날, 궁궐에 또 다른 충격적인 사건이 터집니다.

목종, 쓰러지다

1009년, 상정전에서 화려한 연등 행사가 열렸다.
그런데 그날 밤, 천추전에 화재가 발생한다.

기름 창고에서 옮겨 붙은 불길로
천추전은 순식간에 잿더미가 되었다.

"이제 그만 잊으셔야 합니다."

큰 충격을 받은 목종은 궁궐을 폐쇄하고
비탄에 빠져 병을 얻어 정무조차 보지 못했다.

불에 탄 천추전

최원정 목종이 불을 보고 놀라서 몸져누웠습니다. 앞서 정종도 벼락 보고 눕더니, 왕들이 왜 이렇게 심약한지 모르겠습니다.

이해영 불이 붙은 곳은 천추태후의 거처인데, 놀란 사람은 왕이에요.

최태성 천추태후는 김치양과 함께 피신했다가 멀쩡하게 궁궐로 돌아옵니다. 반면에 놀란 목종은 은둔하고요. 그렇다면 화재의 원인이 무엇이었을까요? 설이 너무 많아요. 우연의 일치였다고 주장하는 사람도 있고, 김치양이 목종을 해하기 위해 방화를 했다는 주장도 있으며, 신라계가 천추태후를 해하기 위해 불을 질렀다는 주장도 있습니다.

이해영 아마도 목종 스스로 화재의 원인이 뭘까 추측해 보다가 고민하면 고민할수록 다 말이 되니까 무섭고 힘들어서 몸져누운 게 아닐까 합니다. 누군가의 방화였다면 왕을 해치려는 음모일 수도 있잖아요.

이익주 저 화재 사건의 원인은 알 수가 없지만, 결과는 분명합니다. 저 화재 때문에 목종이 대단히 큰 충격을 받아 자리를 비웠다는 겁니다. 목종이 정무를 보지 않게 되면서 그동안 잠복해 있던 후계 다툼이 표면으로 노출되어 천추태후와 김치양 쪽, 그리고 대량원군을 지지하는 신라계 유학자 관료들, 이 두 세력의 대립이 나타납니다. 이제는 목종이야 어떻든 신경 쓰지 않고 두 세력은 그 다음을 준비한다는 모의를 자연스럽게 시작합니다.

류근 조짐이 심상치 않네요. 또 피바람이 불어닥치는 겁니까?

최원정 상황이 매우 복잡하죠. 그런데 이 모든 상황을 한 방에 정리해 주는 인물이 등장했습니다.

이광용   저는 지금 동주 용천역에 나와 있습니다. 거기 가시는 분, 강조 장군님 맞으시죠?

강조   맞소. 근데 지금 왜 이러시오? 당신은 또 뭐요?

이광용   바쁘신 건 아는데, 잠깐만 시간을 내주시지요. 일단 자기소개를 부탁드리겠습니다.

강조   나는 목종의 충신 강조요. 내가 충신이라는 걸 강조하고 싶소. 충신 강조. 나는 지금 서북면도순검사를 맡고 있소. 내가 이끄는 부대야말로 고려 최강이라 할 수 있소.

이광용   그런데 지금 이렇게 많은 군사를 이끌고 어디로 가고 계십니까? 설마?

강조   뭘 생각하시는 거요? 근래에 궁궐에 불난 거 아시오? 지금 폐하께서 너무 두려워하시며 호위해 달라고 나를 부르셔서 가는 중이오. 어, 잠시만 기다려 주시오. 전화가 왔구먼. 어, 뭐라고? 얘들아, 말 머리를 돌려라. 미안하오.

이광용   아니, 왕명을 받아 호위하러 가신다는 분이 갑자기 무슨 소리를 들었기에 돌아가시는 걸까요? 교수님, 그 이유를 혹시 아시나요?

이익주   이때 강조는 "왕의 병이 위독해 경각에 달려 있다. 그런데 김치양과 천추태후가 왕명을 빙자해서 강조를 불러들인 것이다. 말하자면 이것은 함정이다."라는 전갈을 받습니다.

이광용   아, 목종이 부른 게 아니라, 김치양과 천추태후가 부른 거군요, 위협이 되는 강조를 제거하기 위해서 말이죠. 함정이라는 걸 알고 돌아간 거네요.

강조   난 아직 돌아가지 않았소. 다시 개경으로 갈 생각이오. 거병을 해야겠는데, 이유는 이 문서를 읽어 보면 알 수 있소. 지금 시간이 없으니 빨리 좀 읽어 보시오.

이광용 잠깐만요. "왕이 이미 죽고, 간흉이 권세를 휘두르니 군사를 이끌고 개경으로 와서 국난을 바로잡으라."

강조 내가 바로 충신 강조 아니겠소? 군사 5000명을 이끌고 궁궐로 들어가 극악무도한 천추태후와 김치양을 반드시 처단할 것이외다!

이광용 그래서 여기 평주까지 대군을 이끌고 오신 거군요. 그런데 말이죠. 강조님. 목종이 아직 살아 있어요. 아직 안 죽었다고요.

강조 뭐요? 애들아, 폐하께서 아직 승하하신 게 아니란다. 이걸 어떡하나? 이미 거병을 했으니 돌아갈 수도 없고, 폐하께서 계신 곳으로 갈 수도 없고, 명분도 없으니 어떻게 해야 한다는 말인가? 이건 다 폐하 때문이다. 폐하를 폐위할 것이다! 목종을 폐위할 것이다!

이광용 아니, 저분이 분명히 충신이었는데, 한순간에 확 돌아서네요. 뭐 이런 경우가 있습니까? 앞으로 상황을 계속 지켜봐야겠습니다.

강조, 정변에 성공하다

군사 5000명을 거느린 강조는
개경에 도착하자마자
순식간에 궁궐을 장악했다.

목종을 폐위하고
왕으로 세운 인물은 대량원군.
바로 고려 제8대 왕 현종이다.

정변에 성공한 강조는
명실상부한 고려의 일인자가 되었다.

강조는 왜 정변을 일으켰나?

최원정 강조가 정변을 일으켜 성공합니다. 이 사태를 좀 차분하게 정리할 수 있을까요?

최태성 『고려사』에는 천추전 화재 이후에 목종이 병석에 눕자 불안해진 천추태후와 김치양이 반역을 도모했다고 기록돼 있습니다. 그리고 역모를 눈치챈 목종이 어머니와 김치양에게 반기를 들고 강조를 부르죠. '나를 호위해 역도들을 토벌하라.'라는 정도의 생각이었던 것 같은데, 오히려 강조가 정변을 일으킵니다. 근데 기록을 보면 강조의 행보가 대단히 오락가락합니다.

이해영 충신일 거면 끝까지 충신이거나, 역적일 거면 처음부터 역적이거나 해야지, 아무리 정세가 불안하고 급박하다 하더라도 수많은 군사를 거느리고 왔다 갔다 하는 건 좀 이해가 안 됩니다.

이익주 당시 상황이 복잡하게 전개되어 정리가 잘 되지 않습니다. 하지만 분명한 것은 천추태후와 김치양은 강조의 군대가 수도로 올라오는 것을 막으려고 했다는 것이죠. 천추태후는 강조를 계속 막으려고 했고, 목종의 뜻을 받아 대량원군을 옹립하려고 한 사람들은 강조를 끝까지 개경으로 들어오게 하려 했습니다.[†] 이렇게 강조의 군대를 둘러싼 두 세력의 입장은 분명히 구별되는데, 문제는 강조입니다. 강조의 태도가 상황에 따라 달라지죠.

류근 그토록 충심을 강조하던 강조가 졸지에 강도로 돌변했어요. 어쨌든 천추태후 세력과 신라계 세력의 대립이 무력 다툼으로 번질 만큼 첨예해진 상황에서 최정예부대를 거느린 강조가 대단히 중요했겠습니다. 핵심 인물이에요.

이익주 강조가 왜 오락가락했는지 현재로서는 설명하기 어렵습니다. 다만 한 가지 분명한 것은 강조가 처음부터 정변을 계획한 것은 아니었다는 것이죠. 강조가 주도적으로 군대를 이끌고 수도로 가서 김치양 일파를 제거하고 목종을 폐위하며 대량원군을 옹립한다는 계획을 가지고 있었던 것은 아닐 겁니다. 강조의 군대를 원하는 사람들에게 계속 이용당하다가 마지막에는 일으킨 군대를 돌릴 수 없는 상황에 처했을 테죠. 그리고 목종이 자기를 보호해주지 못한다면 결국에는 죽을 수밖에 없다는 판단이 서자 목종을 폐위한다는 극단적인 결정을 한 것이 아닐까 합니다.

최태성 저도 좀 더 알아보고 싶은 매력적인 사건인데, 이 사건 뒤에 거란이 침입하면서 기록이 많이 소실돼요. 그래서 정확한 사료가 많이 없다 보니까 이 사건에 해석의 여지가 많이 들어가는 아쉬움이 있어요. 그래서 교과서에서도 강조의 변은 슬쩍 넘어갑니다. 다만 강조가 정변을 일으킬 때 내세운 명분은 기록이 분명하게 남아 있습니다. "주상의 병환이 위중한데도 후계자가 정해지지 않아 간악한 무리들이 왕위를 엿보고, 왕이 아첨만을 믿고 상벌을 정확히 하지 않았기에 이러한 위난이 초래된 것이다."

류근 간악한 무리들도 나쁘고 왕도 나쁘고 다 나쁘다는 거죠?

최태성 강조도 자기가 살아야 하니까 그랬겠죠.

이해영 근데 이렇게 오락가락하다가 왕까지 폐위했으면 자기가 직접 왕을 하겠다는 생각은 안 했을까요?

류근 강조라는 그 양반 성격을 보면 충분히 그럴 만하죠.

이익주 강조가 목종을 폐위한 것은 고려가 건국된 이후에 처음으로 왕이 신하에게 쫓겨난 아주 중요하고 큰 사건입니다. 사료에는 다음과 같은 기록이 있습니다. 강조가 목종을 폐위하고 난 후 건덕전의 보좌 앞에 앉아 있는데, 군사들이 만세를 부르더라는 겁니다. 만세라는 것은 새로운 왕이나 황제에게 외치는 거죠. 이때 강조가 깜짝 놀라며 무릎을 꿇고 말하기를 "사왕(嗣王)이 아직 도착하지 않았는데 이게 무슨 소리인가?"라고 하면서 사양했다는 겁니다. 사왕은 다음 왕, 바로 대량원군을 가리키는 말이죠. 이런 정황을 보면 고려 왕실의 권위가 상당히 안정돼 있어서 왕씨가 아닌 사람이 함부로 왕위를 노리기는 어렵다는 것을 강조가 충분히 알았던 것 같습니다.

최원정 역성혁명을 할 정도의 명분까지는 없었던 거죠. 생각지도 않게 상황이 한 방에 정리된 건데, 그럼 천추태후는 어떻게 되나요?

이익주 강조가 천추태후를 쫓아냅니다. 천추태후는 황주로 쫓겨나 권력을 잃고, 김치양은 죽임을 당하며, 천추태후와 김치양의 아들도 죽임을 당합니다. 그리고 천추태후와 함께 정치에 참여했던 천추태후의 친속 30여 명이 섬으로 귀양을 갑니다. 그러면서 목종 즉위 후에 형성되었던, 천추태후를 중심으로 한 정치 세력이 모두 제거됩니다.

류근 그럼 결과적으로는 모든 게 신라계가 원하는 대로 된 건가요?

최태성 신라계의 목표는 천추태후를 실각시키고 대량원군을 목종의 후사로 삼는 정도였습니다. 그런데 갑자기 강조가 정변을 일으켜 목종을 아예 폐위해 버리는 강수를 두고 일인자로 등극해 버린 거예요. 약간 황당한 상황이 된 거죠.

> † 내사주서(內史主書) 위종정과 안북도호(安北都護)의 장서기(掌書記) 최창은 (……) 강조를 보고 거짓으로 말하기를, "주상의 병이 위독하여 목숨이 경각에 달려 있고, 태후와 김치양은 왕위를 찬탈할 모의를 하고 있습니다. 공이 변방에 있으면서 많은 병력을 장악하고 있으니 혹 따르지 않을까 염려하여 왕명을 사칭하여 〈공을〉 부른 것입니다. 공께서는 마땅히 빨리 서북면[本道]으로 돌아가 크게 의로운 군사를 일으켜서 나라를 보호하고 일신을 보전하여야 할 것이니 때를 놓칠 수 없습니다."라고 하였다. (……) 태후는 강조가 오는 것을 꺼려 내신(內臣)을 보내어 절령(岊嶺)을 지키면서 사람의 통행을 금지하게 했다. 강조의 부친은 (강조가 본영으로 돌아간 것을) 근심한 나머지 글을 써서 (……) 강조에게 "왕은 이미 죽고 간흉이 권세를 휘두르니 군사를 개경으로 이끌고 와 국난을 바로잡으라."라고 전갈하게 하였다.
> ─ 『고려사』 「강조 열전」

천추태후, 궁에서 쫓겨나다

무려 12년간 화려한 권세를 누린 천추태후.
그러나 강조에게 말 한 필만을 받아
궁궐에서 쫓겨나는 신세가 된다.

아들 목종이 어머니를 극진히 모셨으나,
왕의 옷을 팔아 식량을 마련해야 할 만큼
비참한 상황에 처한다.

"몸이 아니라 마음이 아프오.
가슴이 무너지는 것만 같아요."

천추태후는 모든 것을 잃고 몰락한 것이다.

천추태후의 몰락

최원정 한때 고려를 호령했던 여인의 최후는 몰락한 모습입니다. 괜히 쓸쓸한데요.

최태성 역사를 공부하면 저런 모습이 자주 나오잖아요. 권력의 정점에 있다가 순식간에 밑으로 떨어지는 모습 말이죠.

이해영 목종으로서는 이런 생각도 들었을 것 같아요. '엄마가 욕심을 부리는 바람에 나도 쫓겨나고, 이게 뭐야.'

류근 목종에게도 책임이 있습니다. 자기가 후사를 보기 어려우면 대량원군의 정윤 책봉을 서둘렀어야 했어요. 그러면 굳이 강조에게 당할 것도 없이 자기 안위를 지켰을 거 아닙니까?

최원정 목종이 워낙 효심이 지극했으니까 어머니 천추태후 편을 들고 동생을 자기 후계로 삼는 게 훨씬 더 편한 선택이 아니었을까요?

최태성 실제로는 목종이 매우 선한 인물이었던 것 같습니다. 어머니와 같이 쫓겨 가는 길에도 원망은커녕 효심을 보입니다. 기록에 보면 이렇게 나와요. "태후가 음식을 먹으려고 하면 친히 밥상을 차려 드리고, 태후가 말을 타고자 하면 왕이 친히 고삐를 잡았다." 지극정성이에요.

류근 근데 한번 생각해 봐야 해요. 어머니의 마음이 아플까 봐 김치양의 숙청조차 못 한 게 목종이잖아요. 일국의 왕이 효심 때문에 왕위를 잃었는데, 이런 효심이 정말 효심일까요?

이해영 목종이 열여덟 살 때부터 섭정을 받으며 어머니의 권력 아래에 계속 있었잖아요. 그래서 목종이 효자라기보다는 천추태후의 의지대로 움직이는 '아바타' 같은 상태가 아닐까 하는 생각이 들기도 해요.

최원정 목종의 성정 자체가 권력 같은 것에 관심도 없는 것 같아요.

이해영 이런 성품과 성향이라면 목종은 살얼음판 같은 궁궐에서 사는

것보다는 다 내려놓고 시골에 내려가서 사는 게 훨씬 더 적성에
맞을 수도 있을 것 같아요.

신병주　하지만 결국에는 그런 생활도 여의치 않게 됩니다. 임진강 변에
있는 지금의 적성이라는 곳에서 강조가 보낸 사람들이 목종에게
독약을 먹이려고 해요. 그런데 목종이 끝까지 거부하니까 강제
로 먹여서 죽이죠. 그 당시 목종의 나이가 불과 서른 살로, 그렇
게 짧은 생을 마감합니다.

이해영　젊은 나이에 죽었네요. 그러면 목종만 죽었나요? 천추태후는 어
떻게 됐나요?

최태성　천추태후는 살려 줍니다.

최원정　아, 그래요? 의외인데요?

최태성　이제 아무런 힘이 없으니까요. 천추태후의 정인이자 권력자였던
김치양도 죽었고, 큰아들 목종도 죽었고, 김치양과의 사이에서
낳은 둘째 아들도 죽어서 아무도 없는 거예요. 그래서 결국 자기
를 후원했던 호족 황보씨 가문으로 가고, 그 이후로는 기록에 등
장하지 않습니다.

류근　근데 이 모든 사단의 핵심이 천추태후잖아요. 살려 둔 것도 참
이상하네요.

신병주　조선에서도 광해군이 인목대비를 유폐하지만, 죽이지는 않아요.

이익주　아까 강조가 왕이 되지 못한 까닭을 고려 왕실의 권위가 분명해
졌기 때문이라고 말씀드렸지요. 신하가 임금을 죽이는 것은 정
말 큰 사건입니다. 하지만 목종을 살려 두면 후환이 생길 수 있
습니다. 폐위된 목종이 충주로 내려가는데, 충주는 목종과 연고
가 있는 지역입니다. 목종이 충주 쪽 세력의 보호를 받으면서 재
기할 가능성 때문에 목종을 살려 둘 수가 없죠. 그래서 자살을
위장해 죽였던 것인데, 천추태후까지 죽이기에는 너무나 큰 부

담이 되었을 겁니다. 강조가 목종을 폐위했을 때 고려의 전반적인 분위기를 보면 "신하와 백성 가운데 원통해하고 분해하지 않는 사람이 없었다."라고 합니다. 신하가 왕에게 도전하는 일 자체가 그 당시 고려에서는 받아들여지지 않았던 것이죠. 그래서 후환이 걱정되는 목종은 제거했지만, 천추태후는 모든 힘을 없앤 다음에 황주로 돌려보냈으므로 죽음을 면했던 것입니다.

천추태후, 성대하게 조성된 능에 묻히다

실각한 후 21년이 지나고 나서야
천추태후는 공식 기록에 등장한다.

처음 왕후가 되었을 때 살았던 개경의 숭덕궁에서
66세로 죽음을 맞은 것이다.

천추태후는 쫓겨난 왕후답지 않게
성대하게 조성된 능에 묻힌다.

천추태후의 죽음

최원정 결국 죽고 나서야 다시 기록에 등장합니다. 실각해서 황주로 내려갔다고 했는데, 개경에서 최후를 맞이해요. 그 사이 행적이 궁금한데요.

최태성 당대의 기록을 보면 천추태후가 정적이 많잖아요. 근데 의외로 정책을 잘못 시행해서 민심을 잃었다는 기록은 없어요.

최원정 성대한 능에 묻혔다는 건 평가가 나쁘지 않다는 거 아니에요?

최태성 그러니까요. 앞에서 화풍과 국풍이 대립하는 와중에 국풍의 중심에 천추태후가 있다고 했잖아요. 그런데 기본적으로 기층의 민중은 이제까지 살아오면서 겪은 관습과 관행, 전통을 더 친근하게 느끼거든요. 그래서 그 당시 민심이 천추태후를 지지했을 수도 있겠다는 생각이 들어요.

이해영 21년이라는 시간이 지났고, 현종의 치세인데도 천추태후를 지지하는 사람들의 마음이 여전했다고 볼 수 있는 거네요.

신병주 천추태후가 부정적인 평가를 받는 가장 중요한 이유 중에 하나가 조선 시대 학자들이 천추태후를 아주 부정적으로 인식했다는 것입니다. 특히 여성이 권력의 정점에 선 것이나 김치양과의 사이에서 부적절하게 자식을 낳았다는 것이 성리학자들의 기준에서 보면 최악이라는 거죠. 정도전도 "천추태후가 음란해 김치양과 간통해서 아들을 낳았다. 왕이 애초부터 이것을 제대로 바로잡지 못해서 결국 어머니와 아들이 모두 재앙을 입었고 사직을 완전히 무너뜨렸다."라고 정말 부정적으로 평가합니다.

정치가 천추태후

이익주 오늘날 우리가 천추태후를 어떻게 볼 것인지가 문제일 것 같습니다. 천추태후에게서 여성 정치가로서의 모습을 찾아볼 수도 있을 겁니다. 목종 초에 있었던 여러 가지 정책은 천추태후가 생각하고 실천한 것으로 볼 수도 있고요. 이런 것을 통해 천추태후를 평가해 보자면, 먼저 성종 대의 급격한 유교 중시 정책, 즉 화풍 중시 정책으로 말미암아 반발이 일어나는 상황에서 커다란 충돌이 일어나지 않게 했다고 볼 수 있습니다. 그리고 대외적으로는 성종 대에 거란의 침략이 있었는데, 거란과 송이 대립하는 상황 속에서 균형추의 역할을 적절히 하면서 거란의 재침을 막았다는 점을 평가할 수 있습니다. 역사를 흔히 '히스토리(history)'라고 하지 않습니까? 남성들의 이야기라고도 읽을 수 있는 단어인데, 천추태후는 역사를 '허스토리(herstory)', 즉 여성들의 이야기라는 시각으로 파격적으로 읽을 수 있는 계기를 준다는 점에서 상당히 가치가 있는 인물이라고 봅니다.

류근 종래의 음녀나 불륜녀 같은 인상이 아니라 한 정치가로서 천추태후를 평가해야 한다는 말씀이시군요?

신병주 우리가 천추태후를 간통이나 음란 같은 단어로 떠올리지만, 정치적으로 잘못했다는 기록은 거의 없다는 거죠. 결과적으로 정책에 관해서는 별로 트집 잡을 게 없다는 얘기가 될 수도 있고요. 따라서 천추태후의 정치적 역량을 부각해서 고려 여성의 진면목에 접근할 기회로 삼아야 하지 않을까 합니다.

최원정 보기에 따라서는 왕의 어머니로서 권력을 과하게 휘둘렀다기보다는 부족한 아들을 위해 도와줬다고 할 수도 있어요. 어머니의 마음으로 보면 충분히 이해가 되는 부분이고요.

최태성 그렇게 볼 수도 있지만, 천추태후가 제때 권력을 내려놓지 못했다는 한계는 분명히 있죠.

류근 버락 오바마의 명언에도 있는 말이에요. "권력의 가장 큰 맹점은 그것을 놓고 싶어 하지 않게 만든다."라는 것이죠.

210

트럼프와 오바마 민주당의 버락 오바마는 공화당의 도널드 트럼프를 후임 대통령으로 맞이했다.

최원정 충분히 권력을 장악할 만한 기량도 있었던 것 같고, 자기와 김치
양 사이의 아들을 왕위에 올려놓고 싶었던 마음도 이해돼요.

이해영 천추태후의 야망에서 눈을 돌려 다른 모습을 보다 보면 그 능력
이나 카리스마 같은 인정할 만한 부분이 있는 것 같습니다. 너무
한쪽으로만 몰고 가지는 말아야겠어요. 우리가 천추태후를 영웅
으로 만들어 떠받들 필요는 없지만, 정도전의 평가에서 나온 것
처럼 매도하고 비난할 필요도 없다고 봅니다. 제대로 읽을 필요
가 있겠다는 생각이 들어요.

이익주 천추태후가 패배하고 쫓겨 감에 따라 일어난 목종의 폐위와 현
종의 즉위라는 사건은 고려 초의 정치사에서 대단히 중요합니
다. 호족의 시대가 끝나고 귀족의 시대가 열리는 중요한 의미를

갖는 분기점이죠. 목종 대에는 태조의 핏줄이 몇 명 남지 않았었는데, 대량원군이 즉위하면서 왕실의 자손이 다시 번성하기 시작해 현종이 오늘날 우리가 아는 고려 왕실의 중시조가 됩니다. 또한 현종 때부터는 왕이 전통적인 족내혼을 하는 대신에 다시 다른 성을 가진 가문의 딸을 들여 왕후로 삼기 시작합니다. 그리고 성종의 정치를 현종이 계승하면서 유교 정치 이념이 자리를 잡아 가는 새로운 시대가 시작됩니다.

7

개국 최대의 위기: 80만 거란 대군, 고려를 침공하다

고려 왕조가 존속했던 10세기에서 14세기까지 500년 동안은 중국 북방에서 거란과 여진, 몽골 등 유목 민족이 차례로 흥기했다. 그 가운데 거란과 여진은 중원을 차지하고 한족 왕조인 송 및 남송과 대립했다. 거란과 송이 대립하고, 여진과 남송이 대립하면서 10~13세기 동아시아에는 다원적 국제 질서가 만들어졌다. 고려는 유동적인 국제 질서 속에서 때로는 전쟁으로, 때로는 외교를 통해 국가를 보존했다.

거란과 송이 대립하고 있을 때 고려는 친송 정책으로 일관했다. 송의 발달한 문화를 수용하는 것이 중요했기 때문이다. 고려는 송의 책봉을 받고 조공하는 방식으로 송과 친선을 유지했다. 책봉이란 중국 황제가 주변국 국왕의 지위를 인정하는 것이고, 조공이란 책봉의 대가로 예물을 바치는 것을 말한다. 책봉-조공 관계는 국가 간의 상하 관계를 전제하는 것으로, 그런 의미에서 사대라고 흔히 표현되지만, 전근대 동아시아의 일반적인 국제 관계의 한 형태였다.

고려의 친송 정책은 송과 대결하던 거란의 침략을 불러왔다. 993년에 일어난 거란 소손녕의 침략은 고려가 건국된 지 75년 만에 맞는 첫 외침이었다. 당시 고려의 왕 성종은 몸소 군대를 이끌고 서경(지금의 평양)까지 올라가는 패기를 보였다. 하지만 고려의 선봉이 궤멸하자 외교적 해법을 모색하기 시작했다. 그 주인공은 서희였다.

서희는 소손녕을 만나 담판을 벌였다. 그 자리에서 소손녕은 고려가 차지하고 있는 고구려 옛 땅을 내놓을 것과 송과의 관계를 끊고 거란에 사대할 것을 요구했다. 서희는 고려가 고구려를 계승한 나라라는 점을 들어 첫 번째 요구를 반박했다. 그러므로 거란이 차지하고 있는 옛 고구려 땅을 오히려 고려에 돌려줘야 한다는 주장도 곁들였다. 두 번째 요구에 대해서는, 압록강에서 청천강 사이에 사는 여진족 때문에 거란과 왕래하기가 어려움을 들어 그 지역을 고려 영토로 인정해 줄 것을 역으로 요구했다. 그 요구를 들어주면 거란과 책봉-조공 관계를 맺겠다는, 다시 말해 송과의 관계를 끊겠다는 약속이었다.

소손녕은 서희의 주장을 받아들이고 군대를 돌렸다. 고려가 고구려를 계승했다는 역사적 사실과 압록강에서 청천강에 이르는 지역이 고려 영토라는 점을 인정한 것이었다. 대신 고려는 송과 관계를 끊고 거란과 책봉-조공 관계를 맺었다. 사대의 대상을 바꾸는 일이 결코 쉽지 않았을 것임은 뒷날 조선이 명에 대한 사대를 고집하다 청의 침략을 받아 망국의 위기에 처했던 사례를 생각하면 짐작할 수 있다. 이때 고려는 유연한 외교로 전쟁을 피하고 영토를 확장하는 실리를 얻었던 것이다. 새로 확보한 영토에는 여섯 개의 주를 설치했고, 이를 압록강 동쪽의 6주, 즉 강동 6주라고 부르게 된다.

거란의 군사적 압박으로 송과 관계를 끊기는 했지만, 고려로서는 손실이 컸다. 우선 선진 문물을 받아들이는 통로가 막혔을 뿐 아니라 다원적 국제 질서 속에서 거란 일변도의 외교정책은 장기적으로 위험할 수 있었다. 그 때문에 송과 비공식 교류를 계속했고, 특히 천추태후가 섭정하던 목종 때에는 송에 사신을 보내기도 했다. 마침 강조가 정변을 일으켜 목종을 폐위하는 사건이 일어나자 거란은 책봉국의 권한을 명분으로 고려를 다시 침략해 왔다.

1010년에 거란 황제가 친히 이끄는 제2차 침입이 시작되었다. 고려에서는 강조와 양규 등이 분전했으나 패배했고 방어선이 붕괴되었다. 개경마저 함락되고 현종은 멀리 나주까지 피난길을 떠났다. 이 절체절명의 위기를 고려는 어떻게 극복했을까?

고려 뉴스: 공습경보 발령

경보음   공습경보를 발령합니다. 공습경보를 발령합니다. 국민 여러 분, 우리나라 전역에 공습경보를 발령합니다.

이광용   뉴스 속보를 말씀드리겠습니다. 993년 10월, 거란군이 고려를 침공했습니다. 이번 전쟁을 주도한 거란군 장수는 동경유수 소손녕으로 파악됩니다. 소손녕이 이끄는 거란군이 압록강을 넘으면서 전쟁이 시작되었고, 현재 봉산에서 고려군 선봉대 가 무너진 상황입니다. 거란군은 곧이어 안융진을 공격할 것 으로 보입니다. 인근 백성들은 빨리 대피하시기 바랍니다. 아, 지금 소손녕이 고려 조정에 보내는 편지가 막 도착했다고 합 니다. 함께 들어 보시죠.

소손녕   너희 왕이 백성을 돌보지 않아 날로 고려가 황폐해지고 있다. 해서 천벌을 내리려 하니, 그대 나라 군신이 모두 이곳으로 와 서 항복하여야 할 것이다. 항복하지 않으면 피가 강을 이루고, 시신으로 산을 쌓을 것이며, 고려라는 나라는 영원히 없어질 것이다.

이광용   거란의 침략군 규모는 약 80만 대군으로 알려지고 있습니다. 개국 이래 최대 위기를 맞은 고려! 앞으로 「고려 뉴스」에서는 전쟁 상황을 실시간으로 알려 드리겠습니다.

개국 최대의 위기: 80만 거란 대군, 고려를 침공하다!

최원정   고려 개국 이래 최대의 위기, 80만 거란군이 고려를 침공하던 그 날로 가 보겠습니다. 공습경보라는 말에 좀 오싹해졌어요.

신병주   1983년으로 기억하는데, 북한의 이웅평 상위(대위)가 미그기를 몰고 와 귀순했을 때도 공습경보가 울렸었죠. 같은 해에 중공에

이웅평이 몰고 온 미그기 전쟁기념관의 옥외에 전시되어 있다.

서 또 한 번 미그기가 왔고요.

이윤석 어쨌거나 그때는 나중에 알고 보니까 일종의 해프닝이었는데, 993년에 일어난 이 사건은 실제인 거죠?

이익주 그렇습니다. 993년은 고려가 건국된 지 75년이 되는 해입니다. 이때 외세의 침략을 처음으로 받은 것이지요. 이 뒤로 27년 동안 거란의 큰 공격만 세 차례가 더 있습니다. 고려로서는 건국 이후 처음으로 맞이한 최대의 위기 상황, 절체절명의 상황이었다고 할 수 있습니다.

신병주 특히 봉산 전투에서는 고려의 선봉군 대장이 거란족의 포로가 될 정도로 참패를 당하죠.

거란인을 묘사한 그림 거란인의 머리 모양을 엿볼 수 있다.

이익주 그 당시에 거란의 침략이 확실해지자 고려에서는 성종이 친히
서경까지 올라가 거란군과 싸우겠다고 나섭니다. 왕이 직접 군
대를 이끌고 나가는 것은 보기 드문 사례죠. 그런데 고려의 선봉
군이 충격적인 패배를 당합니다. 거란의 군사력이 고려의 예상
보다는 훨씬 더 강력했던 거죠.

최태성 당시는 거란이 신흥 군사 강국으로서 맹위를 떨치는 시점이었거
든요. 주변국들에서 거란이라고 하면 벌벌 떨 정도였어요. 『신오
대사』[1] 「거란전」에 "거란인은 사람 피 마시는 걸 좋아한다. 중국
인들의 얼굴 가죽을 벗기고 눈을 파내고 머리털을 뽑고 팔을 부
러뜨려 죽였다."라는 소문이 기록되어 있으니까 공포감이 대단
했겠죠.

신병주 거란인은 머리카락을 이마 주변에만 남겨 놓고 양 갈래로 땋는

데, 그런 머리 형태를 곤발(髡髮)이라고 합니다. 외모에서부터
좀 만만치 않죠.

이윤석 근데 항상 헷갈려요. 거란족과 뭐 여진족은 같은 민족인지 다른
민족인지부터 말이죠.

이익주 거란과 여진은 분명히 다릅니다. 거란은 몽골 계통의 유목민입
니다. 우리가 아는 요라는 나라를 건국하죠. 여진은 거란보다는
우리와 좀 가깝습니다. 발해가 건국되었을 때 고구려의 유민이
지배층이 되고 말갈족이 피지배층이 됐다고 알고 있는데, 그 말
갈이 발해가 망하고 거란에 점령된 다음에 여진으로 불린 거죠.
그리고 이 여진이 1115년에 금을 건국하고 더 나중인 1616년에
는 후금을 세웠다가 1636년에 나라 이름을 청으로 바꾸고 만주
족으로 칭합니다.

이윤석 말갈, 여진, 만주 순으로 이어지는군요. 이제는 거란과 여진이
다른 족속임을 알겠습니다.

최원정 그런데 소손녕이 항복하지 않으면 모두 섬멸하겠다고 공표했잖
아요. 이에 대해 고려는 어떻게 대처를 하나요?

거란의 제1차 침입, 고려의 대응은?

이 대신 지금 거란이 쳐들어와 형세가 위급한 상황이오. 당장 중신들
과 함께 군사들을 데리고 가서 항복합시다.

최 대신 아니, 항복하자는 말이오?

이 대신 지금 저들의 병력이 무려 80만이나 되오. 그걸 어떻게 상대하
겠소? 게다가 저들은 사람의 피를 마신다고 하오. 당장 가서
항복합시다.

최 대신 근데 그들이 문제 삼는 건 서경 이북 땅이 자기들 땅인데, 우

리가 침범했다는 거잖소. 그러니 그냥 줍시다.

이 대신　뭣이라? 우리 땅을 주자고? 놀랬소.

최 대신　어찌 보면 간단한 문제라오. 그들이 원하는 서경 이북 땅을 주고, 우리는 나머지 땅을 지키면 되지 않소?

이 대신　다 주는 건 아니잖소. 조금만 주는 게 낫지요.

최 대신　그러면 간단하게 황주에서 철령까지를 국경선으로 삼자고 합시다.

이 대신　아, 그러면 되겠구먼. 자, 듣거라. 서경 이북의 땅은 다 내줘 버리고 강화를 청하겠노라.

류근　정말로 한심하기 짝이 없네요. 일국의 대신이라는 자들이 국가의 근간인 영토를 제대로 한 번 싸워 보지도 않고 그냥 내주겠다는 거 아니에요?

최원정　실제로 이런 대화가 오갔다는 건가요?

이윤석　기록에 근거해 구성한 대화입니다.

최태성　영토를 떼어 주자는 이른바 할지론이라는 주장이 실제로 『고려사』에 나옵니다. 이렇게 하면 고려의 영토가 평양 이남으로 축소되죠.

최원정　국경이 남쪽으로 내려오면서 영토가 작아지잖아요. 정말 이해가 안가는, 충격적인 결정이 아니에요? 그러면 당시 고려의 왕 성종은 뭐라고 결정을 내렸어요?

이익주　그 당시에 조정의 중론이 할지론으로 기웁니다. 그래서 성종도 이 주장을 받아들이고요. 그러면서 서경에 있는 군량미 창고를 열어 백성들에게 쌀을 모두 가져가게 하고, 그래도 남는 것이 있다면 모두 버리라는 명령까지 내립니다.†

이윤석　쌀을 버리라고요? 아깝게 왜 그런 일을 하죠?

할지론에 따를 경우 축소되는 고려 영토

류근   청야 전술이라는 게 있어요. 들판을 깨끗이 비워 적들이 전쟁 물
        자나 식량으로 사용하지 못하게 하는 거예요.

이윤석   할지론이라는 게 싸워 봐야 못 이길 거 같으니까, 저쪽이 원하
        는 것을 조금 들어주고 큰 피해를 줄이자는 전략 같습니다. 근데
        너무 빨리 지레 겁먹고 결정한 건 아닌가 하는 답답함이 있어요.
        봉산에서 딱 한 번 패한 거잖아요.

류근   대신들이 자기들 밥줄과 목숨 줄을 유지하려고 한 결정이라는
        게 딱 보입니다.

최원정   그 누구도 싸워 보자고 얘기를 안 하던 상황이었나요?

최태성   우리가 잘 아는, 이번 이야기의 주인공이라고도 할 수 있는 서희
        가 반대를 하고 나옵니다.

이윤석   세 치 혀로 거란을 물리치고 강동 6주를 얻은 외교의 달인이자
        위인전의 주인공이 바로 서희잖아요.

최태성   한국을 빛낸 위인들에 관한 노래에도 나오는 인물이죠.

서희, 할지론에 반대하다!

서희   적들이 바라는 것은 고구려의 옛 땅이라 하옵니다. 하온데 서경 이북면을 넘겨주면 그들이 그것에 만족하며 물러나겠나이까? 삼각산 이북도 고구려의 옛 땅인데, 그들이 그곳마저 내놓으라 하면 모두 내어 주시겠나이까? 폐하! 한 걸음을 물러나면 만 리를 도망쳐야 할 것이옵니다. 바라옵건대 신에게 한번 기회를 주시옵소서. 이대로 이 강토를 포기할 수는 없나이다. 통촉해 주시옵소서, 폐하.

류근   서희가 한번 싸워 보지도 않고 땅을 떼어 준다는 게 무슨 말이냐며 항의하네요.

신병주   앞에서 광종에 관해 다루었을 때 서희의 아버지 서필이 나왔었죠. 부전자전이라고 서희 역시 성품도 엄정하고, 바른말 잘하며, 식견도 높고 지혜로우니까 그 당시 왕인 성종도 매우 총애했습니다.

이윤석   외교관이라고만 생각했는데, 패기가 대단하네요.

이익주   고려 전기까지만 해도 출정군의 지휘관을 보면 대체로 과거에 급제한 문신들이 많습니다.

신병주   강감찬도 문신 출신이고, 조선 시대에도 김종서와 권율이 문신 출신이죠.

최원정   서희가 한번 싸워 보고 다시 의논해도 늦지 않다고 했는데, 결론이 바뀌나요?

최태성   바뀝니다. 역사를 보면 흐름을 바꿔 놓는 역할을 하는 사람들이 있어요. 서희가 바로 그런 사람이고요.

서희, 거란군 진영으로 담판하러 떠나다!

거란과 담판하기 위해 적진에 도착한 서희.
이때 소손녕이 뜰에서 절할 것을 요구한다.

"화통사로 온 것이라면
무릎부터 꿇고 머리를 조아리려!
그것이 대국의 귀인을 대하는 태도이다!"

"누가 누구에게 무릎을 꿇는단 말이냐?
신하가 임금을 대하는 자리라면
내 능히 당하에서 절하는 것이 예법이겠지만,
그대와 나는 엄연히 동등한 대신이지 않은가?"

"뭐라? 이런 건방진 자가 있나!"

상견례부터 부딪힌 고려와 거란!
신경전이 계속되는 와중에
숙소로 돌아가 드러누워 버리는 서희!
서희는 대체 왜 그랬던 것일까?

소손녕과의 담판: 서희가 절하지 않은 이유는?

이윤석 　서희가 대단한 게, 좀 아쉬운 소리를 해야 하는 위치인데도 당당하고 배짱 있게 나갔단 말이에요.

이익주 　서희가 거란군 진영에 도착한 순간부터 협상이 시작된 겁니다. 여러분은 여러분이 필요한 협상을 한다고 했을 때, 상대방을 처음 만나면 어떻게 하시겠습니까? 협상에서 가장 중요한 것은 처음에 기선을 제압하는 것 또는 최소한 기선을 제압당하지 않는 겁니다. 그 당시 고려는 거란의 신하국이 아닙니다. 그뿐만 아니라 서희는 소손녕의 신하가 아니기 때문에 먼저 절을 할 수 없는 거죠. 결국에는 서희의 고집이 이깁니다. 드러누운 서희를 소손녕이 다시 불러들이고, 두 사람이 마주 서서 같이 인사한 다음에 대화가 시작됩니다.

이윤석 　서희가 고수입니다. 약자로서 무언가 부탁을 해야 하는 처지이니까 저자세로 나갈 줄 알았는데, 오히려 동등한 자세를 요구하잖아요.

신병주 　처음에 거란이 기세 좋게 봉산 전투에서 대승을 거두고, 본때를 더 보여 주겠다는 마음으로 안융진을 공격을 합니다. 그런데 이때는 고려군도 만만치가 않았어요. 그래서 안융진에서는 오히려 승리합니다. 그러다 보니까 소손녕도 뭔가 답답한 상황을 풀어야 해요. 그런데 서희 쪽에서 협상을 못 하겠다고 오히려 버티니까 점차 초조해지는 거죠. 그래서 소손녕이 "일단 우리 그럼 말이라도 해 보자."라는 자세로 나옵니다.

이윤석 　담력과 배짱의 승리가 아닌가 합니다. 치킨 게임이라는 게 있잖아요. 절벽을 향해 자동차 두 대가 나란히 달리다가 먼저 운전대를 틀어 벗어나는 쪽이 지는 게임인데, 소손녕이 먼저 겁먹고 운전대를 돌린 거예요.

최원정 이제 본격적으로 협상에 들어가는데, 이때 소손녕이 본인의 속내를 밝힙니다.

고려 대 거란의 외교 담판: 소손녕의 진짜 속셈은?

소손녕 귀국은 본시 옛 신라 땅에서 일어났고, 고구려의 옛 땅은 현재 모두 우리의 관할이오. 그런데도 무단히 우리의 땅을 침식하고 있으니, 이에 정벌을 결심한 것이외다. 우리 측에서 귀국에 가장 불만인 것은, 귀국의 국토가 우리와 맞닿아 있으면서도 우리의 적국인 바다 건너 송나라를 섬기는 것이오. 이는 곧 우리를 적대시하는 것과 마찬가지라는 말이오.

이윤석 땅이나 국토 같은 단어가 여러 번 나오네요. 결국 "노리는 건 땅이니 우리가 원하는 땅을 줘라. 안 그러면 그냥 너를 잡아먹겠다."라는 이야기입니다.

류근 소손녕이 "너희 고려는 신라의 옛 땅에서 일어났다."라고 주장하는데, 근거가 있는 주장인가요?

이익주 신라가 망한 다음에 고려가 신라의 옛 땅을 다스리고 있으니까, 소손녕은 고려가 신라를 계승한 나라라고 이야기한 것이지요.

류근 원래 고려와 거란의 사이는 어땠습니까?

신병주 정말 적대적이죠. 태조 왕건 때부터 악연이 시작됩니다. 942년에 거란이 외교 관계를 맺기 위해 사신 서른 명과 낙타 50필을 보내요. 근데 왕건이 "저 거란은 오랫동안 화목하게 지내던 발해를 멸망시킨 정말 무도한 나라다."라고 하면서 사신들은 섬으로 유배 보내 버리고, 낙타는 개성에 있는 만부교라는 다리 밑에 방치해 둬서 굶겨 죽입니다. 거란으로서는 일종의 동물 외교를 한 건

중국에서 우리나라에 보낸 판다

데, 정말 화났겠죠. 현시점으로 치면 얼마 전에 중국에서 우리나라로 판다 두 마리를 보낸 것도 동물 외교입니다. 그런데 이 판다들에게 죽순을 하나도 안 주고 굶겨 죽인 셈이 되는 거죠.

류근　사신까지 유배를 보냈다는 건 국제 관계에서 대단히 큰 문제잖아요.

최원정　거란이 원한을 품고 칼을 갈고 있었겠네요.

류근　50년 만에 옛 원한을 풀러 온 거예요.

최원정　그렇다면 거란의 침략 의도가 과연 영토 정복인지, 아니면 과거에 대한 복수인지 서희는 어떻게 보고 뭐라고 대답했을까요?

고려 대 거란의 외교 담판: 서희의 협상 비결

서희　그대가 잘못 알고 있는 것이외다. 우리 고려는 신라가 아닌 고구려의 후계자요. 해서 나라의 이름도 고려이며, 경계를 가지고 말한다면 오히려 귀국이 우리 영토를 침범한 것이오. 또한 우리가 귀국과 교통하지 못하는 것은 여진이 그 중간을 점거하고 있기 때문이오. 만일 압록강 동쪽에서 여진을 쫓아내고 우리의 옛 땅을 돌려준다면 어찌 거란과 국교를 통하지 않겠소이까?

최원정 거란의 소손녕이 요구하는 사항을 두 가지로 본 거예요. 옛 고구려 땅에 관한 문제, 그리고 고려가 송과 친하게 지내는 문제를 거론했네요.

최태성 당시에 고려와 송은 사대 관계를 맺고 있었어요. 따라서 송을 치려는 거란으로서는 주력부대가 송이 있는 남쪽으로 내려갔을 때, 거란의 후방을 고려가 친다면 난감해지는 거예요. 그래서 후방을 안정시키기 위해 거란이 제일 먼저 해야 할 일이 고려와 송의 관계를 끊어 놓는 것입니다. 이게 가장 큰 목적이었죠.

최원정 서희는 거란의 목적과 의도를 어떻게 알았을까요?

이익주 이때 서희의 나이가 쉰세 살입니다. 아주 원숙한 시기죠. 송나라에 사신으로 다녀온 경험도 있어 국제 정세를 읽고 소손녕의 의도를 정확하게 파악할 수 있는 능력이 있었던 것이라고 생각합니다. 그리고 병관어사라는 관직을 지낸 적이 있는데, 조선으로 치면 병조판서에 해당하는 관직입니다. 군사에 관해 잘 알았다는 것이죠. 기록에는 소손녕이 이끌고 온 군대가 80만 명이라고 나와 있습니다만, 과장된 것이죠. 앞에서 소손녕의 관직이 거란의 동경유수라고 했습니다. 동경이라는 지역에서 지방군을 이끌고 온 거예요. 동경유수 정도의 관직에 있는 사람이 지휘할 수 있는 병력은 아마 기병 6만 기 정도일 텐데, 이 허실을 서희는 분명히 파악했을 겁니다.

류근 예나 지금이나 현장 경험이 풍부한 진짜 전문가가 필요해요. 사고가 터졌을 때 제대로 된 판단과 대응을 해내잖아요.

이윤석 기선을 제압했고, 상대방의 의도를 파악했어요. 그러면 이제 원하는 걸 얻어 내야 하는데, 여기서 말을 잘해야겠네요.

최태성 저는 서희의 외교를 예술이라고 봅니다. 상대방의 의중을 완벽히 파악한 다음에 계산하고 들어간 거예요. 거란의 의도는 송과 고려의 관계를 끊는 것이니까, 그 목적에 해당하는 명분을 주면 되는 거예요. 그래서 "우리는 고구려의 후손이기 때문에 고구려의 옛 땅은 우리 땅이다. 그리고 고려는 원래 거란과 관계를 맺으려고 했다. 그런데 여진이 막고 있어 갈 수가 없다. 그리고 만약에 너희 거란이 여진족을 몰아내 주고 길이 뚫리면 그때 가겠다."라고 얘기합니다. 그랬더니 소손녕이 "그럼 강동 6주를 너희 고려가 관리해라. 그 대신에 송과 관계를 끊고 우리와 관계를 맺자."라고 합니다.

고려의 실리 외교: 강동 6주를 얻다

최원정 진짜 박수 치고 싶네요. 근데 강동 6주라는 게, 전략적으로 대단히 중요한 땅 아니에요?

이익주 그렇습니다. 강동 6주는 압록강의 동쪽에 있는 여섯 개 주를 가리킵니다. 지금의 평안북도 지역입니다. 300년 만에 고구려의 옛 영토 중 일부를 회복한 것이죠. 이후에 강동 6주는 고려의 북방 방어 기지로 매우 중요한 역할을 합니다. 뒤에 나올 강감찬의 귀주대첩도 바로 강동 6주 가운데 하나인 귀주에서 있었던 일이고, 더 훗날에 몽골군이 쳐들어왔을 때도 강동 6주가 있는 평안북도 지역에서 몽골군을 맞아 싸워 큰 승리를 거둡니다.

최원정 피 한 방울 안 흘리고 땅을 얻어 온 거예요. 우리 역사에서 이렇게 통쾌했던 적이 있나 싶어요.

강동 6주

최태성   서희가 살아 있다면 정말 만나 보고 싶어요.

이익주   지금 국립외교원 앞에 서희 동상이 있습니다.

최태성   국립외교원에서 근무하는 외교관들은 늘 서희를 만나면서 출퇴근을 해야 합니다.

류근   국방부 앞에도 서희의 동상이 있어야 할 것 같아요.

최원정   싸우지 않고 이기는 게 최선이라고 병법에도 나오는데, 서희는 침입해 온 외적을 상대로 땅을 받아 낸 거잖아요. 참으로 대단합니다.

이익주   서희의 담판에는 강동 6주의 획득 말고도 또 한 가지 역사적인 의미가 있습니다. 서희와 소손녕이 대화하는 과정에서 서희가 "우리 고려가 바로 고구려의 후계자다."라는 말을 명시적으로 하죠. 지금 우리는 고려가 고구려를 계승한 나라라는 사실을 알지

국립외교원의 서희 동상

만, 이러한 사실을 밝혀 주는 것으로는 이 기록이 최초입니다. 따라서 서희의 이 발언은 역사적으로 매우 의미 있는 내용이고, 고구려의 역사를 둘러싼 논쟁에서도 우리의 아주 강력한 무기가 되고 있지요.

최원정 그야말로 한국을 대표하는 외교관이네요. 서희의 말 한마디가 오늘날에도 외교 카드로 빛을 발하는 거잖아요.

류근 정말 1000년짜리 외교 담판을 한 거네요.

이윤석 1000년 동안 유효한 외교이고, 1000년 후에도 평가받는 외교이며, 1000년을 내다본 외교가 아닌가 합니다.

최원정 근데 강동 6주를 내줬다는 거는 거란으로서는 아주 큰 패착이 아닌가요?

신병주 거란으로서도 수확은 있었어요. 서희가 송과의 관계 끊겠다고 약속한 것이 대표적이죠. 거란의 가장 중요한 목표는 송을 공격해 중원[2]을 차지하는 겁니다. 그런데 고려가 송과 협력을 하지 않겠다고 했으니 상당히 편하게 되었지요. 배후에서 공격받을 일은 없으니까요. 그래서 협상 결과에 만족하고 고려에 유목민 특유의 선물을 합니다. 자기들이 아끼는 낙타 10마리, 말 100필, 양 1000마리에다 비단 500필까지, 최대한 성의를 표한 거죠.

류근   대단합니다. 고려는 지금 삽시간에 부동산과 동산을 다 얻었네요. 정말 전화위복의 전형이에요.

이윤석   그러니까요. 거란은 땅도 주고, 선물도 주고, 뭔가 말린 느낌이 나는데요?

류근   아니에요. 서로 얻을 건 얻은 겁니다. 양쪽 다 좋은 거예요.

최태성   거란으로서는 강동 6주라는 작은 것을 준 대신에, 고려와 송의 관계 파기라는 큰 것을 얻었다고 생각했을 겁니다.

고려의 실리 외교: 서희의 담판, 그 후

이윤석   여기서 서희의 외교 성과에 찬물을 끼얹자는 건 아닌데, 송나라와 국교를 단절하는 조건으로 강동 6주를 얻었잖아요. 그렇다면 정말로 송과 국교를 끊나요?

이익주   그 당시 고려 사람들은 송으로부터 선진 문물을 받아들여 자기 것으로 만들면서 문화를 발전시켜 나가겠다고 생각했습니다. 그런데 거란의 압박 때문에 송과 관계를 단절해야만 하는 상황이 오니까 송에 사신을 보냅니다. 그리고 "거란의 압박 때문에 어쩔 수 없이 우리가 거란에 사대하게 됐으니 송이 우리를 구원해 주었으면 좋겠다."라고 요청합니다.

최원정   대단히 위험한 요청이 아닌가요?

이익주   그런데 그 당시에 송에는 거란과 싸울 만한 능력이 없었음을 누구나 알았습니다. 예상했던 대로 송은 고려의 요청을 들어주지 못합니다.[†] 따라서 고려가 송과의 관계를 끊는 것에 관해 송은 자기 책임으로 여기는 결과가 나오죠. 게다가 고려는 공식적으로는 거란과 사대 관계를 맺지만, 송과 비공식적인 교류를 계속할 수 있는 여지는 남겨 놓습니다. 고려가 묘수를 둔 셈이죠.

최태성 도대체 몇 수를 앞서 내다보면서 두는 거죠? 진짜 대단합니다.

이윤석 고려가 관계를 끊어야 하는데, 자기가 안 끊고 송이 끊은 것처럼 만들었어요. 고려가 송에 요구를 했지만, 이미 답은 정해져 있던 거예요. 고려는 답을 알고 있어요. 송은 못 하겠다는 대답만 하면 되는 판인 겁니다.

류근 국력이 강하지 않은 고려가 강대국 둘을 놓고 대단한 협상력을 발휘하고 있어요. 오늘날 우리에게 시사하는 바가 참 많네요.

이익주 고려의 외교정책에서 큰 방향은 실리를 추구한다는 것입니다. 서희의 이 외교가 실리를 중시하는 고려 외교의 대표적 사례가 된다고 할 수 있습니다.

류근 조선 시대 때 광해군 생각이 나요. 광해군이 후금과 화친하자고 했을 때, 신하들이 뭐라고 합니까? 나라가 망하는 한이 있어도 명과의 의리를 저버릴 수 없다고 대들잖아요. 죽은 명분을 내세우다가 나라가 망할 뻔했다는 거 아닙니까?

최원정 그러면 서희가 위기에서 구해 낸 고려에는 이후 다시 평화가 찾아올까요?

---

† 원욱을 송에 보내 군사를 빌려 작년 (거란과의) 전역(戰役)에 대하여 보복할 계획을 알렸다. 송은 북방 국경이 겨우 편안해졌는데 (군사를) 가벼이 움직이는 것은 마땅치 않다고 하면서, 다만 후한 예(禮)만 보이고 돌려보냈다. 이때부터 송과의 외교관계를 끊었다.
— 『고려사절요』 성종 13년(994) 6월

거란의 제2차 침입

1010년, 거란에서 심상치 않은 기운이 감지된다.

"천추태후가 결국 권좌에서 물러났다고 한다.
자, 때가 되었다! 고려를 정벌할 준비를 하라!"

당시 고려에서는 강조가 정변을 일으켜
목종을 폐위하고 천추태후를 몰아낸 상황!
거란은 강조의 변을 침략의 구실로 삼는다.

그리고 그해 11월!
거란의 성종은 직접 40만 대군을 이끌고
압록강을 건너기에 이른다.

거란의 제2차 고려 침공이었다!

거란, 다시 고려를 공격하다!

최원정 　거란군이 다시 침략해 왔습니다. 이때가 정확히 언제예요?

최태성 　제1차 침입이 성종의 재위 기간인 993년의 일이었잖아요. 성종
　　　　의 뒤를 천추태후의 아들 목종이 잇고, 1009년에 강조가 정변을
　　　　일으키면서 현종이 즉위하는데, 제2차 침입은 바로 그 현종 때인
　　　　1010년에 일어납니다.

최원정 　이번에는 거란이 전쟁을 일으킨 정확한 이유가 뭔가요?

신병주 　거란은 자기들이 고려와 사대 관계를 맺은 상국이라고 생각하는
　　　　거예요. 그런데 강조가 목종을 시해하고 현종을 옹립한 것은 대
　　　　역죄이므로 거란의 성종이 제대로 바로잡아주겠다면서 직접 자
　　　　기 군대를 의군천병(義軍天兵)으로 칭하며 40만 대군을 이끌고
　　　　쳐들어옵니다.

이윤석 　제1차 침입 때는 동경유수 소손녕이 왔는데, 이번에는 황제가 직
　　　　접 온 걸 보면 뭔가 다른 내막이 있을 것 같아요.

최태성 　제2차 침입은 제1차 침입 때와는 상황이 조금 달라요. 거란은 그
　　　　세력이 계속 커집니다. 그러다가 1004년에는 송과 거란이 전연
　　　　의 맹약을 맺습니다. 이 전연의 맹약으로 거란은 연운 16주의 소
　　　　유를 인정받는데, 이 연운 16주가 어디냐면 만리장성 이남의 땅
　　　　이에요. 이 땅을 송이 되찾기를 포기한 것이죠.

류근 　　북방의 거란이 만리장성을 넘을 정도로 세력이 강성했군요.

이윤석 　제1차 침입 때는 송 때문에 땅도 주고 선물도 줬는데, 이제는 송
　　　　을 압도하게 되니까 다시 좀 계산해 봐야겠다는 생각이 들었나
　　　　봅니다.

신병주 　거란의 황제인 성종이 직접 참전했다는 건 송을 제압하고 얻은
　　　　자신감이 엄청났다는 거죠.

이익주 　전쟁의 표면적인 이유는 강조의 변을 문책하겠다는 것이었지만,

서희의 묘 경기도 여주에 있다.

그것이 실질적인 이유는 아니었을 겁니다.

최태성   강조의 변은 명분이겠죠.

이익주   실제로 거란에서 고려로 보낸 문죄서(問罪書), 즉 죄를 묻는 글을 보면 고려가 거란에 사대하기로 한 이후에도 송과 계속 친교를 맺고 있는 것이 무슨 속셈인지 묻는 대목이 있습니다.†

최원정   그래도 표면적으로는 거란의 제1차 침입 때 고려가 송나라와는 확실히 끊었잖아요.

이익주   겉으로는 송과 관계를 끊고 거란과 관계를 맺었지만, 목종 때는 송에 공식적으로 사신을 보내서 거란의 압박 때문에 어쩔 수 없이 송과 단교한 것이라는 이야기까지 합니다.‡ 그러니 거란이 당연히 반발하면서 공격해 오는 것이죠.

이윤석   거란과의 끈도 놓지 않고 송과의 교류도 놓지 않는 게 영리한 선택이 될 수도 있지만, 위험해질 수도 있는 양날의 검이 될 수도 있겠네요. 하지만 너무 걱정하지 않아도 되는 것이 고려에는 1000년 가는 외교의 역사를 쓴 서희가 있지 않습니까?

신병주 그때 서희는 이미 사망한 뒤입니다. 998년에 사망하니까 993년의 제1차 침입에서 5년 뒤의 일이죠. 기록을 보면 말년에는 개국사라는 절에 머물렀는데, 성종이 계속 어의를 보내 병을 치료하게 하고, 심지어 그 절에 곡식 1000석을 시주할 정도로 서희를 살려 보려고 극진하게 노력했지만, 57세를 일기로 병사합니다.

최원정 아, 조금은 이른 죽음이 안타깝네요. 이때 딱 필요한 인재인데 말이죠. 그러면 고려를 다시 침략한 거란군과의 전쟁 상황이 어떻게 돌아가는지 뉴스 속보를 통해 알아보겠습니다.

> † 지난 경술년(1010)에 거란이 문죄서(問罪書)에 이르기를, "동으로 여진과 결탁하고 서로는 송과 왕래하니, 이는 무엇을 도모하는 것인가?"라고 하였습니다.
> ─『고려사』 「세가」 문종 12년(1058) 8월
>
> ‡ 송에 이부시랑(吏部侍郎) 주인소를 보내자 (송의) 황제가 특별히 그를 불러 보았다. 주인소는 우리나라 사람들이 중국의 문화[華風]를 사모하며 거란이 위협하는 상황이 되었음을 알렸다.
> ─『고려사』 「세가」 목종 2년(999) 10월

고려 뉴스: 거란의 제2차 침입

이광용 속보입니다. 1010년 11월, 거란이 또다시 고려를 침공했습니다. 협상으로 물리쳤던 제1차 침입과는 달리 제2차 침입에서는 무력 충돌이 불가피한 상황으로 보입니다. 군사 전문가를 모시고 현재 전황을 알아보겠습니다. 박금수 박사님, 지금 상황이 어떻습니까?

박금수 기병과 보병이 섞인 40만 거란 대군이 압록강을 건넜습니다. 압록강은 겨울에 얼기 때문에 11월에는 대군이 움직이기에 아주 좋은 조건이 형성됩니다. 거란군은 압록강을 넘어 흥화진을 둘러싸고 공격했습니다.

이광용 　듣자하니 거란의 성종이 강조를 내주면 곧 회군하겠다면서 그렇지 않으면 개경까지 쳐들어가 처자식을 다 죽여 버리겠다고 협박했다면서요?

박금수 　그렇습니다. 그런데 양규는 "내 뼈가 재가 되고 몸이 가루가 되더라도 나는 고려를 지킬 것이다."라고 하면서 이 제안을 단칼에 거절했습니다. 양규 같은 강력한 지도자가 있었기 때문에 그 아래에 있는 군사들도 흔들림 없이 끝까지 저항을 할 수 있었죠. 그래서 거란군은 20만 명을 남겨 놓고 남쪽인 통주로 이동했습니다. 거란은 함락하기 어려운 성을 만나면 우회하는 특유의 전술을 그대로 실행에 옮기는 것으로 보입니다. 통주를 장악하면 그대로 서경까지, 그다음에는 개경까지도 곧장 쳐들어갈 계획을 세운 것 같습니다.

이광용 　거란군이 우회 작전을 통해 남쪽으로 밀고 내려갈 생각을 하고 있는데, 그렇다면 통주에서는 누가 거란군과 맞서 싸우고 있는 건가요?

박금수 　통주에는 고려 방어군의 주력 30만 명이 강조의 지휘하에 버티고 있습니다.

이광용 　제2차 침입의 명분을 제공한 인물, 그 강조가 바로 거란 대군과 맞붙게 된 거군요. 그런데 사실 거란군이라고 하면 기병 아니겠습니까? 이에 맞서는 고려군의 전략은 어떤 걸까요?

박금수 　강조는 성 안에서 방어하는 것이 아니라 평지에서 거란군을 맞을 채비를 하고 있습니다.

이광용 　아니, 평지에서 기병을 어떻게 상대해요?

박금수 　강조에게는 비장의 무기가 있었습니다. 강조가 강조하는 비

검거를 재현해 본 모습

장의 무기, 무엇일까요? 바로 수레입니다. 전투에 쓰이는 수레를 병거라고 하는데요. 일찍이 『삼국지연의』[3]에 나오는 제갈량[4]도 기병을 상대할 때 이런 수레를 사용했다고 합니다.

이광용 잠깐만요. 근데 수레로 어떻게 싸워요?

박금수 이동식 성벽으로 씁니다. 병거의 뒤에는 보병들이 숨어 있습니다. 보병들이 병거에 의지해 숨어 활을 쏘면 심리적으로 안정되겠죠. 그래서 화살의 힘과 정확도도 훨씬 올라갑니다.

이광용 그런데 이 수레는 뭔가 콕콕 찌를 것 같네요.

박금수 그래서 이 수레를 검거로 부릅니다. 중국에서 개발된 병거와는 달리 고려군이 개발한 것이죠. 말이 다가오면 바로 예리한 날을 꽂아 줍니다. 예리한 창날 또는 검날이 맨 앞에 있는 것이죠.

이윤석 말이 꼬치가 되어 버리겠네요.

박금수 말들이 검거 앞에 오게 되면 바로 그렇게 되겠죠.

이광용 말이 정말 말이 아니겠네요.

신병주　강조가 고려 현종 때 바로 이 검거를 이용해 거란족을 물리쳤 다면서 우리도 필요하다면 검거 같은 것을 활용해야 한다는 내용이 조선 시대의 『선조실록』과 『정조실록』에도 나와요.†

이광용　이 땅을 지키는 데 정말 중요한 무기였던 이 검거까지 활용하 는 우리 고려군, 이번 전쟁에서 충분히 승산이 있어 보입니다.

> † "우리나라 지형이 수레를 이용하기에 어려운 점이 있다고 말하기도 하지만, 고려 현종 때 강조는 검거(劍車)를 이용하여 거란을 격파했습니다."
> ──『정조실록』 24년(1800) 3월 9일

고려 대 거란, 제2차 전쟁의 분수령: 통주 전투!

최원정　검거의 위력이 어마어마하게 살벌해 보이네요. 그러면 거란군의 통주 공격은 실패하나요?

이익주　검거를 동원해 승리했는데도 결국에는 통주에서 강조가 이끄는 고려군이 패배합니다. 문제는 강조의 자만심이었습니다. 강조 가 몇 차례 전투에서 승리를 거둔 다음에 "적들이 입안의 음식과 같아 많이 있을수록 더 맛있으니, 더 많이 들어오게 내버려 두어 라."라고 해서 여러 차례 급보가 왔는데도 무시한 채 심지어는 바둑을 두고 있었다는 기록이 있습니다. 결국 강조는 거란군에 사로잡히고 거란군과 싸우던 고려군은 무려 3만 명이 전사하는 대패를 당합니다.

류근　강조가 역사 공부를 제대로 안 했네요. 백제 개로왕⁵이 바둑 두 다가 망했다는 것만 기억했어도 그러지는 않았을 겁니다.

이윤석　그나저나 전쟁의 명분이 강조의 변이었잖아요. 근데 강조가 지 금 사로잡혔어요. 그러면 전쟁이 여기서 마무리되는 건가요?

최태성　거란 성종이 포로가 된 강조와 이현운이라는 사람에게 항복해 자기 신하가 되라고 권합니다. 그러자 이현운이 이렇게 이야기했다고 해요. "두 눈이 이미 새 해와 새 달을 보게 되었으니 한 마음으로 어찌 옛 산천을 생각하겠습니까?" 신하가 되겠다고 얘기한 거죠. 그럼 강조는 어땠을 것 같아요? 강조가 그래도 강직한 무사 기질이 있어요. 성종의 얘기를 듣자마자 "나는 거란의 신하가 될 수 없다."라고 끝까지 거절해서 죽게 되죠.†

최원정 강조라는 인물, 정말 연구 대상이네요.

이윤석 고려에 대한 충성만큼은 오락가락하지 않았네요.

류근 진짜 종잡을 수가 없는 인물입니다. 그런데 충심 얘기를 하니까, 제가 이번에 처음 안 양규라는 인물 이야기를 안 할 수가 없습니다. 참 대단한 군인이더라고요. 거란의 성종이 강조를 죽이고 나서 양규에게 가짜 서찰을 보낸대요. 강조가 보낸 걸로 되어 있는데, 항복하라는 내용이었고요. 근데 그 서찰을 받자마자 양규가 "나는 우리 왕의 명을 받고 온 것이지 강조의 명을 받는 것이 아니다."라고 대답하면서 끝까지 거란에 맞섰다는 겁니다. 진짜 군인이에요.

최태성 교과서에도 양규에 관해서는 거의 다루지 않아요. 양규라는 인물이 좀 더 조명됐으면 좋겠다는 생각이 드는데, 양규에 관해서는 대단한 기록들이 나옵니다. "원군도 없이 한 달 사이에 모두 일곱 번을 싸워 많은 적군의 목을 베었고, 포로가 되었던 3만여 명을 되찾았으며, 말과 낙타, 병장기를 노획한 것은 이루 다 헤아릴 수가 없었다."라고 되어 있습니다. 게다가 그 죽음도 정말 장렬합니다. 끝까지 자기의 군사와 화살이 다 떨어질 때까지 싸우다가 맨 마지막에는 화살을 맞고 전사하죠.

류근 말 그대로 최후의 1인까지 싸운 거네요. 양규라는 인물을 정말 기억해야겠어요.

† 거란 임금이 강조의 결박을 풀어 주며 묻기를, "너는 내 신하가 되겠느냐?"라고 하니 강조가 대답하여 말하기를, "나는 고려 사람인데 어찌 너의 신하가 되겠느냐?"라고 하였다. 재차 물었으나 대답이 처음과 같았으며 또한 칼로 살을 발라내며 물어도 대답은 또한 처음과 같았다. 이현운에게 물으니 대답하여 말하기를, "두 눈은 이미 새로운 해와 달을 보았습니다. 일심으로 섬길 뿐 어찌 옛 산천을 기억하겠습니까?"라고 하였다. 강조가 노하여 이현운을 발로 차며 말하기를, "너는 고려 사람으로 어찌 이와 같이 말하는가?"라고 하였다. 거란은 마침내 강조를 처형하였다.

— 『고려사』 「강조 열전」

통주 전투 패배, 그 후?

이윤석 확실히 거란의 제2차 침입은 제1차 침입 때와는 달리 외교로 해결되지 않다 보니까 전쟁의 참혹함이 여실히 드러나네요.

이익주 참으로 뼈아픈 것이 강조의 패배로 강동 6주가 전부 무너집니다. 그리고 거란군이 청천강을 넘어 서경까지 진군해 들어오죠. 그 다음 해 1월에는 개경까지 함락하면서 현종이 수도를 버리고 나주로 몽진하는 일이 벌어집니다. 이 시기에 개경의 궁궐과 태묘가 불타고 수많은 민가도 불탑니다. 특히 저 같은 역사학자에게 정말 애석한 일은 그동안 쌓였던 고려의 많은 전적6과 사서가 불타 없어졌다는 것이죠. 이런 전쟁의 참화를 고려가 겪습니다.

신병주 고려의 왕인 현종이 수도를 버리고 피난 가는 길도 상당히 험난했다는 기록이 나옵니다. 왕을 호종하는 장수와 군사가 모두 도망가 버리고, 왕명을 사칭하는 자들도 나타나면서 왕으로서의 위상이 뚝 떨어지죠.†

류근 개경이 함락된 날이 1011년 1월 1일이래요. 정월 초하루, 그러니까 설입니다. 고려에서는 설날이 명절이 아니었을 수도 있겠다는 생각이 들어요.

최원정 혼란에 빠진 개경의 모습이 정말 끔찍했겠네요.

고려 대 거란 전쟁, 무엇을 볼 것인가?

최태성 제1차 침입 때는 외교적 대응으로 해결했는데, 제2차 침입 때는
그리하지 못해 전쟁에 맞닥뜨릴 수밖에 없는 상황이 벌어졌잖
아요. 거란의 두 차례 침입이 우리에게 시사하는 바가 크지 않나
하는 생각이 듭니다.

이윤석 제1차 침입 때 서희가 외교로 대응할 수 있었던 게 안융진을 지
켰기 때문이잖아요. 제2차 침입 때는 외교력이 부재하다 보니까
전쟁의 참상이 여실히 드러났고요. 그래서 외교력과 군사력이
같이 가야겠다는 생각이 듭니다. 외교 없는 군사는 맹목이고, 군
사 없는 외교는 공허하다는 거죠.

신병주 거란의 제1차 침입 당시의 상황과 제2차 침입 당시의 상황을 보
면 차이가 있습니다. 제1차 침입 당시의 고려는 성종이라는 왕을
중심으로 왕권이 상당히 안정돼 있었죠. 시스템이 안정되어 있
는 상황이니까 서희와 같은 명장을 배출할 수 있는 토양이 만들
어져 있었던 겁니다. 그런데 제2차 침입 때는 강조라는 인물이
목종을 시해하고 현종을 왕위에 올리면서 정치 체제가 불안정해
졌죠. 결과적으로 크게 보면 정치가 안정되고 지지 기반이 확실
했을 때는 국방이라든가 외교에서 힘을 받을 수 있는데, 제2차
침입 때는 고려 자체가 정치적으로 무너진 것도 패배한 원인이
되지 않았을까 합니다.

류근 저는 사실 소손녕에 대한 재발견이라고 해야 할까요? 그동안 우
리는 서희가 세 치 혀로 강동 6주라는 영토를 얻었다고 해서 소

손녕을 약간 모자란 사람으로 알고 있었잖아요. 근데 알고 보니까 일촉즉발의 충돌 국면에서 서로 만족할 수 있는 접점을 찾아내서 피를 흘리지 않고 위기를 타개한 인물이에요. 그런 측면에서 본다면 서희도 소손녕도 모두 승자가 아니겠냐고 생각하게 됐어요. 실리와 명분을 나누는 것이 협상을 통한 정치와 외교의 미학이 아니겠냐는 겁니다.

최원정　제가 학교 다닐 때 정치외교학을 전공했는데 서희라고 하면 외교 얘기를 하잖아요. 그때는 그 얘기가 안 와 닿았는데, 이렇게 역사를 들여다보니까 정말 절묘하네요. 송을 지렛대로 삼아 거란을 견제하다가 때로는 과감하게 송과 단절하면서 국익을 챙겼잖아요. 앞으로 현대의 국제 질서를 다루는 시사 문제들을 볼 때마다 서희의 외교가 생각날 것 같아요.

이익주　고전이 된 책인 『전쟁론』[7]의 저자 카를 폰 클라우제비츠[8]가 이런 유명한 말을 하죠. "전쟁은 외교적 교섭의 계속에 지나지 않는다." 우리가 전쟁을 볼 때 누가 침략하고 어떻게 맞서 싸우고 누가 이겼는지 따지면서 전투에만 초점을 맞추면 안 됩니다. 전쟁의 목표가 무엇인지, 두 나라가 전쟁을 통해 어떤 결과를 얻으려고 하는지 등을 살펴봐야 합니다. 우리가 오늘 본 것처럼 양국 관계뿐 아니라 두 나라를 둘러싼 동아시아 질서 또는 세계 질서라는 측면에서 보면 우리만 생각할 때는 안 보이는 다양한 측면이 보일 수 있죠.

이윤석　제가 공부하다 보니까 발견했는데, 왕건이 거란 사신을 유배 보내고 낙타를 죽일 때 서희가 태어나요. 그리고 송이 건국할 때 서희가 과거에 급제합니다. 그런 걸 봐서는 역사는 문제와 답을 같이 주는 것 같습니다.

최원정　근데 고려와 거란의 전쟁이 다 끝난 건 아니잖아요.

『전쟁론』의 저자 카를 폰 클라우제비츠

이윤석 맞아요. 개경은 불바다가 됐고, 서희도 죽고 양규도 죽고, 그럼
고려의 운명은 어떻게 되는 겁니까?

1 왕좌의 게임: 견훤 대 왕건

1 『삼국유사(三國遺事)』: 고려 충렬왕 7년 (1281)에 승려 일연이 쓴 역사책. 단군, 기자, 대방, 부여의 사적(史跡)과 신라, 고구려, 백제의 역사를 기록하고, 불교에 관한 기사와 신화, 전설, 시가 따위를 풍부하게 수록했다. 『삼국사기』와 더불어 우리나라에서 현존하는 가장 오래된 역사책이나, 오늘날 원판은 전하지 않고 완질본으로는 조선 중종 7년 (1512)에 다시 간행된 것이 전한다. 5권 3책.

2 김관의(?~?): 고려 중기의 학자. 검교(檢校) 군기감(軍器監)을 지냈다.

3 『편년통록(編年通錄)』: 고려 의종 때 김관의가 편찬한 역사책. 여러 사람이 소장하던 기록들을 편년체로 기술했다고 하나 현재는 전하지 않는다. 『고려사』의 세계(世系)에 상세한 내용이 소개되어 있고, 이제현의 『역옹패설(櫟翁稗說)』에서 이를 비판하고 있어, 이 책의 내용과 성격을 살필 수 있다.

4 『고려사절요(高麗史節要)』: 조선 전기에 김종서 등이 왕명에 따라 편찬한, 고려 시대에 관한 편년체 역사책. 문종 2년(1452)에 간행되었다. 35권 35책.

5 『고려사(高麗史)』: 조선 시대에 세종의 명으로 정인지와 김종서 등이 편찬한, 고려조에 관한 기전체 역사책. 문종 1년(1451)에 완성되었다. 139권.

6 차전(車戰)놀이: 음력 정월 대보름날에 하는 민속놀이의 하나. 고창 전투 때 사람들이 견훤을 낙동강으로 밀어 넣었다는 이야기에서 유래. 팔짱을 낀 채 어깨로만 상대편을 밀어낸다. 경상북도 안동에서는 두 편을 나누어 동채에 탄 장수의 지휘하에 수백 명의 장정이 동채로 상대편을 공격해 상대편 동채를 먼저 땅에 닿게 한 편이 이기며, 춘천과 가평 등지에서는 마을별로 편을 갈라 외바퀴 수레를 서로 부딪쳐서 먼저 떨어지는 쪽이 진다.

2 태조 왕건, 스물아홉 명의 아내를 얻다

1 훈요십조(訓要十條): 고려 태조가 후손에게 전한 신서(信書)와 훈계(訓戒) 10조로 이루어진 정치 지침. 불교 신앙과 풍수지리 사상이 대부분으로, 역대의 왕이 이에 의거해 정치를 했다고 한다.

4 광종, 개혁의 칼을 뽑다

1 『정관정요(貞觀政要)』: 중국 당나라의 오긍이 지은 책. 당의 기틀을 마련한 태종이 가까운 신하들과 정관 시대에 행한 정치상의 득실에 관해 문답한 말을 모아 엮었다. 제왕학의 교과서로 여겨져 여러 군주와 제왕이 탐독했다. 총 10권.

2 제위보(濟危寶): 고려 시대에 나라에서 돈과 곡식 따위를 모아 두었다가 백성에게 꾸어주고 그 이자로써 운용한 빈민 구제 기관. 광종 14년(963)에 설치해 공양왕 3년(1391)에 없앴다.

5 천추태후, 위험한 사랑에 빠지다

1 안정복(1712~1791): 조선 정조 때의 학자. 자는 백순(百順), 호는 순암(順菴), 한산병은 (漢山病隱), 우이자(虞夷子), 상헌(橡軒). 이익의 문인으로, 그의 학문을 계승해 발전시켰다. 특히 과거의 역사학과 지리학을 비판

하고 우리 역사의 정통성과 자주성을 세웠
다. 저서로 『동사강목』과 『순암집』, 『가례집
해(家禮集解)』 등이 있다.

2 『동사강목(東史綱目)』: 조선 영조 때 안정복
이 지은 역사책. 단군조선에서 고려 말에 이
르기까지의 역사를 주희의 『통감강목』을 참
고로 하여 편년체로 기록하였다. 정조 2년
(1778)에 완성되었다.

3 『흥부전(興夫傳)』: 조선 후기의 판소리계 소
설. 흥부와 놀부라는 두 인물을 통하여 형제
간의 우애와 선악의 문제를 다루었다. 작가
와 연대는 알 수 없다.

4 연등회(燃燈會): 석가모니의 탄생일에 불을
켜고 복을 비는 의식. 신라 때에 비롯되어,
고려 태조 때에는 정월 대보름날 행해지다가
현종 1년(1010)에 2월 보름날로 바뀌었다.

5) 팔관회(八關會): 신라 시대에 시작되었으며,
고려 시대에는 해마다 음력 10월 15일에는
서경에서, 11월 15일에는 개경에서 토속신에
게 제사를 지내던 의식. 술과 다과, 놀이로써
즐기고 나라와 왕실의 안녕을 빌었다.

6 『대보적경(大寶積經)』: 중국 당나라의 보살
유지가 대승 경전 49부를 모아 번역한 불경.
이미 번역된 23권과 뜻이 통하지 않는 것을
다시 번역한 15권, 아직 번역하지 못한 12권
을 번역해 120권으로 만들었다. 693년에 번
역했다는 설과 706년에 착수해 713년에 완
성했다는 설이 있다. 현존하는 권 59는 국보
제246호.

7 『변상도(變相圖)』: 경전의 내용이나 교리, 부
처의 생애 따위를 형상화한 그림.

7 개국 최대의 위기: 80만 거란 대군, 고려를 침공하다

1 『신오대사(新五代史)』: 중국 송대에 구양수
등이 지은 역사책. 중국 이십오사의 하나로,
후량(後梁)의 태종 때부터 후주(後周)의 공
제에 이르기까지 오대의 역사를 춘추필법으
로 기록했다. 74권.

2 중원(中原): 중국의 황허강 중류의 남부 지
역. 흔히 한때 군웅이 할거했던 중국의 중심
부나 중국 땅을 이른다.

3 『삼국지연의(三國志演義)』: 중국 원의 작가
나관중이 지은 장편 역사소설. 유비, 관우,
장비가 도원결의하는 것에서 시작해 오(吳)
의 손호가 항복해 천하가 통일될 때까지의
사적을 소설체로 풀어 서술했다. 중국의 사
대 기서(四大奇書) 가운데 하나다.

4 제갈량(181~234): 중국 삼국시대 촉한의 정
치가. 자(字)는 공명(孔明). 시호는 충무(忠
武). 뛰어난 군사 전략가로, 유비를 도와 오
와 연합해 조조가 이끄는 위(魏)의 군사를
대파하고 파촉(巴蜀)을 얻어 촉한을 세웠다.
유비가 죽은 후에 무향후(武鄕侯)로서 남방
의 만족(蠻族)을 정벌하고, 위나라 사마의와
대전 중에 병사했다.

5 개로왕(?~475): 백제 제21대 왕. 이름은 경
사(慶司). 중국의 위(魏)에 고구려를 토벌하
기 위한 원군을 청했으나, 거절당해 뜻을 이
루지 못했다. 고구려의 첩자인 승려 도림의
계책에 말려들어 토목공사를 일으켜 국고를
탕진하고, 고구려 장수왕의 공격을 받아 살
해되었다. 재위 기간은 455~475년이다.

6 전적(傳籍): 옛날부터 전해지는 지도와 호적
(戶籍).

7 『전쟁론(Vom Kriege)』: 프로이센의 장군 클
   라우제비츠가 지은 책. 전쟁의 본질을 정책
   의 연장으로 보고 전쟁의 이론, 전략론, 전
   투, 전투력, 방어, 공격 및 작전 계획 등에
   관해 논술했다. 1832년에 간행되었다. 8권.

8 카를 폰 클라우제비츠(1780~1831): 프로이
   센의 군인이자 군사 이론가. 프로이센군의
   근대화와 제도 확립에 공헌했으며, 저서로
   『전쟁론』이 있다.

이 책에 도움을 주신 분들

류근　　시인. 중앙대학교 문예창작학과 및 같은 학교 대학원 문예창작학과를 졸업했고, 1992년에 《문화일보》 신춘문예로 등단했다. 저서로 『상처적 체질』과 『사랑이 다시 내게 말을 거네』, 『싸나희 순정』, 『어떻게든 이별』, 『함부로 사랑에 속아주는 버릇』이 있다.

박금수　　사단법인 전통무예십팔기보존회 사무국장 및 서울대학교 체육교육과 강사, 충북국제무예액션영화제 운영위원. 서울대학교 전기공학부 및 같은 학교 대학원 체육교육과를 졸업했다. 『조선 후기 무예와 진법의 훈련에 관한 연구』로 박사 학위를 받았으며, 주요 논문에 「조선 후기 공식무예의 명칭 십팔기에 관한 연구」 등이 있고, 저서로 『조선의 武와 전쟁』이 있다.

이광용　　KBS 아나운서. 연세대학교 사회학과를 졸업했다. 「스포츠 하이라이트」와 「걸어서 세계속으로」, 「이광용의 옐로우카드」, 「토론쇼 시민의회」 등을 진행했으며, 2018 러시아 월드컵 메인 캐스터로 활약했다.

이윤석　　개그맨. 연세대학교 국문학과를 졸업하고, 중앙대학교 신문방송학과에서 박사 학위를 취득했다. 경기대학교 엔터테인먼트경영대학원 겸임 교수를 거쳐 현재 서울예술전문학교 학부장을 맡고 있다. 1993년 MBC 개그 콘테스트에서 금상을 받으며 개그계에 입문한 뒤 그해 MBC 「웃으면 복이 와요」에서 개그맨 서경석과 콤비를 이룬 코너로 전 국민의 사랑을 받았다. 이후 MBC 간판 예능 프로그램인 「일요일 일요일 밤에」, KBS 「쾌적 한국 미수다」 등에 출연하였다. 1995년 MBC 방송연예대상 신인상, 2004년 MBC 방송연예대상 쇼 버라이어티 부문 우수상, 2005년 MBC 방송연예대상 코미디 시트콤 부문 최우수상을 받았다.

이해영　　영화감독 및 시나리오 작가. 서울예술대학교 광고창작학과를 졸업했다. 「품행제로」와 「아라한 장풍 대작전」 등의 각본을 썼으며, 연출한 작품으로는 「천하장사 마돈나」와 「페스티발」, 「경성학교: 사라진 소녀들」, 「독전」 등이 있다.

역사저널 그날

고려 편 1권

왕건에서 서희까지

1판 1쇄 찍음	2019년 6월 17일
1판 1쇄 펴냄	2019년 6월 24일
지은이	KBS 역사저널 그날 제작팀
발행인	박근섭, 박상준
책임편집	이황재
펴낸곳	(주)민음사
출판등록	1966. 5. 19. (제16-490호)
주소	서울특별시 강남구 도산대로1길 62
	강남출판문화센터 5층 (우편번호 06027)
대표전화	02-515-2000 ｜ 팩시밀리 02-515-2007
홈페이지	www.minumsa.com

ISBN 978-89-374-1710-8 (04910)

   978-89-374-1700-9 (세트)